LE PRIEURÉ ET LE PONT

DE

SAINT-NICOLAS-DE-CAMPAGNAC.

FRAGMENT D'HISTOIRE LOCALE.

PAR

E. GERMER-DURAND.

NIMES.

L. GIRAUD, boulevart Saint-Antoine,
WATON, boulevart Saint-Antoine,
BEDOT, près la Cathédrale,

1864.

Nîmes. — Typ. CLAVEL-BALLIVET, rue Pradier, 12

LE PRIEURÉ ET LE PONT

DE

SAINT-NICOLAS-DE-CAMPAGNAC.

LE PRIEURÉ ET LE PONT

DE

SAINT-NICOLAS-DE-CAMPAGNAC.

FRAGMENT D'HISTOIRE LOCALE.

PAR

M. E. GERMER-DURAND.

NIMES.

DE L'IMPRIMERIE CLAVEL-BALLIVET ET Cᵉ,

RUE PRADIER, 12.

1864.

(Extrait des *Mémoires de l'Académie du Gard. —* 1863.)

LE PRIEURÉ ET LE PONT

DE

SAINT-NICOLAS-DE-CAMPAGNAC.

FRAGMENT D'HISTOIRE LOCALE.

I

Inscriptions trouvées en 1863.

Outre le célèbre pont du Saint-Esprit sur le Rhône, le département du Gard possède, à dix kilomètres de Nimes, sur le Gardon, un autre chef-d'œuvre de ces Frères-Pontifes qui, au XIIIᵉ siècle, dotèrent nos contrées de ces moyens de communication dont leur art, mieux inspiré qu'à des époques plus récentes, a su faire de véritables monuments, aussi remarquables par leur élégance et leur hardiesse que par leur solidité. Je veux parler du pont de Saint-Nicolas-de-Campagnac, commune de Sainte-Anastasie.

Ce pont, qui vient d'être repris en sous-œuvre et restauré par l'administration des Ponts-et-Chaussées, avec un respect — que l'on ne saurait trop louer — pour le caractère primitif de l'œuvre, doit, comme on sait, son nom au prieuré de Saint-Nicolas-de-Campagnac, qui s'élève à l'une de ses extrémités, sur la rive gauche du Gardon, et qui, depuis le XIIIᵉ siècle, fait dévier la route de Nimes à Uzès, et la force à contourner le mamelon sur lequel sont assis la chapelle et les édifices claustraux, aujourd'hui transformés en bâtiments d'exploitation rurale.

Cette disposition, conçue au moyen âge dans un but de défense, n'ayant plus maintenant d'autre effet que de gêner la circulation, le département, en vue d'ouvrir au pont une issue facile et en ligne droite, a acquis du possesseur de ces belles ruines, M. Jalabert-Guin, une portion de terrain qui se trouvait comprise autrefois dans le cimetière du monastère. Les déblais qui ont eu lieu, à cette occasion, n'ont fait retrouver, dans la partie occupée par la nouvelle route, que des ossements humains en assez grande quantité, quelques rares débris d'objets de dévotion ne remontant pas à plus d'un siècle, et un fragment d'une statue en pierre (deux mains jointes), d'une exécution grossière et qui accuse le ciseau de quelque artiste campagnard. M. le curé de Vic, averti de la découverte de ce cimetière, s'est immédiatement rendu à Saint-Nicolas pour veiller à la conservation et au transport des ossements exhumés. C'est pendant son séjour sur les lieux qu'il a eu le bonheur de retrouver :

1º Dans un coin de l'ancienne chapelle, qui sert aujourd'hui de magasin pour la paille et le fourrage, une grande dalle de marbre portant l'épitaphe d'un prieur de Saint-Nicolas mort en 1697 ;

2º Sous les murs de la chapelle et dans l'ancien cimetière, deux pierres plus petites, portant également les épitaphes de deux religieux.

M. l'abbé Blancard a obtenu de la bienveillance éclairée du propriétaire que ces pierres accompagneraient les ossements qu'elles ont recouverts pendant près de deux siècles ; et nous les avons trouvées, en effet, soigneusement encastrées dans le pavé de la petite église de Vic.

Ces dalles tumulaires sont loin d'avoir, au point de vue de l'art, la même valeur que les monuments du même genre aux XIVe, XVe et XVIe siècles. A l'époque à laquelle elles appartiennent (les vingt dernières années du XVIIe siècle), le sentiment de l'art chrétien faisait complètement défaut, même aux corporations religieuses ; mais elles ne sont pas sans intérêt pour l'histoire du prieuré de Saint-Nicolas et du diocèse d'Uzès, histoire qui est encore à faire.

Les deux pierres trouvées dans l'ancien cimetière du prieuré sont gravées sur une dalle carrée de pierre grise de 0m 45 de côté. Les épitaphes y sont disposées en losange et entourées d'un simple filet.

1. On lit sur l'une :

```
                    ✝
                   HIC
              IACET·P· ANT·
            GOURDON· CA·R·
          ÆT. LXV· PROF· XLVI·
          OBIIT· IV· NON· MART·
           ANⁱ· M· DC· LXXXII·
             REQVIESCAT
              IN·PACE·
```

Hic jacet p[ater] Ant[onius] Gourdon , ca[nonicus]

r[egularis]; œt[atis] sexagesimo et quinto (anno), pro-
f[essionis] quadragesimo sexto, obiit, quarto non [as]
mart[ias] an[n]i millesimi sexingentesimi octuagesimi
secundi. Requiescat in pace.

« Ici gît le P. Antoine Gourdon, chanoine régulier
(de Saint-Augustin), mort le 4 mars 1682, dans la 65e
année de son âge et la 46e de sa profession. Qu'il repose en paix ! »

2. Et sur l'autre :

```
              +
             HIC
         IACET·P·I·B.
        DES FORGES·
       CANON· REG· QVI·
      OBIIT· DIE. SEPT· IVNII.
     ANNO·  DOM·  M D·  CC·
      ÆTAT·  SVÆ·  XXXIIII·
         PROF· X·
       REQVIESCAT
          IN· PACE
           AMEN
```

Hic jacet p[ater] I[oannes] B[aptista] Desforges,
Canon[icus] reg[ularis], qui obiit die sept[ima] junii,
anno Dom[ini] millesimo septingentesimo, œtat[is]
suœ trigesimo quarto, prof[essionis] decimo. Requies-
cat in pace. Amen.

« Ici gît le P. Jean-Baptiste Desforges, chanoine régulier (de Saint-Augustin), qui mourut le **7 juin 1700**, dans la 34e année de son âge et la 10e de sa profession. Qu'il repose en paix ! Ainsi soit-il! »

3. La troisième et la plus importante est celle d'un prieur claustral de Saint-Nicolas qui, comme nous le verrons dans la troisième partie de cette notice, a joué, vers la fin du xviie siècle, un rôle assez important dans l'histoire de ce monastère. Nous voulons parler du R. P. Jacques de Cambronne. Le chanoine de Cambronne appartenait à une des bonnes familles du diocèse qui avait déjà, au xve siècle, donné à l'église d'Uzès un saint religieux. Raynaud de Cambronne, d'abord bénédictin au monastère de Montclus (1), mourut hermite et en odeur de sainteté dans l'hermitage de Notre-Dame-de-Carsan (2), qui lui avait été donné par l'évêque d'Uzès, Gérald II, pour s'y retirer.

L'épitaphe du P. Jacques de Cambronne est gravée sur une dalle de marbre de 2m10 de hauteur sur 0m90 de largeur, et enfermée dans un losange déterminé par un simple filet, compris lui-même dans un carré à chaque angle duquel est tracé un ornement en forme de cœur.

(1) ... *Monasterii Montis-Serrati, ordinis S. Benedicti, diocesis Uticensis.* Tel est le texte donné par une charte de 1424 (*Gall. Christ.*, t. vi, *Eccl. Utic. Instrum*, xx, col. 309). Il est vrai que, dans le texte du même volume (col. 640), les Bénédictins, ne reconnaissant pas le monastère de *Mont-Clus* sous le synonyme *Mons-Serratus*, font une correction et lisent *Vicensis* au lieu d'*Uticensis*. Mais nous savons qu'il existait un monastère à Montclus. « Il était placé au pied d'une masse énorme de rochers. Il n'en reste aujourd'hui qu'une vaste salle irrégulière creusée dans le roc ». (H. Rivoire, *Statist. du Gard*, t. ii, p. 644.)

(2) *Carsan*, commune du canton du Pont-Saint-Esprit, qui, avant 1790, appartenait au doyenné de Bagnols. — Sur l'hermitage de Carsan, voir aux *Pièces justificatives*, n° v.

Au sommet de l'inscription, une croix ; à l'angle inférieur, une tête de mort. Cette ornementation est d'assez mauvais goût. Voici cette épitaphe :

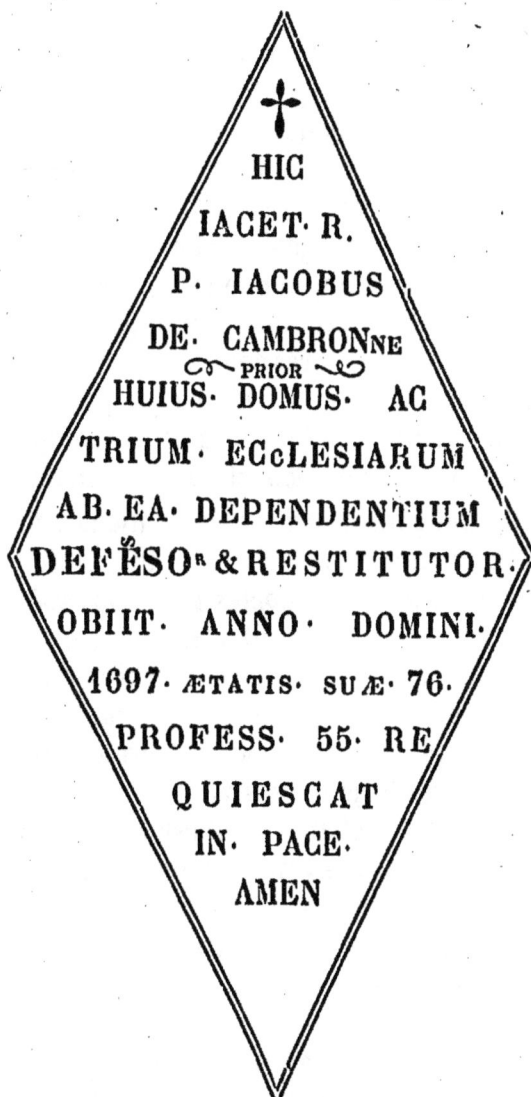

✝

HIC

IACET· R.

P· IACOBUS

DE· CAMBRONne

PRIOR

HUIUS· DOMUS· AC

TRIUM· ECcLESIARUM

AB· EA· DEPENDENTIUM

DEFÊSOʀ· & RESTITUTOR·

OBIIT· ANNO· DOMINI·

1697· ÆTATIS· SUÆ· 76·

PROFESS· 55· RE

QUIESCAT

IN· PACE·

AMEN

Hic jacet R[everendus] P[ater] Iacobus de Cam-

*bronne, prior hujus domus ac trium ecclesiarum ab ea
dependentium defe[n]sor et restitutor. Obiit anno Domini 1697, œtatis suœ 76, profess[ionis] 55. Requiescat in pace. Amen.*

« Ici gît Révérend Père Jacques de Cambronne,
prieur de ce monastère, protecteur et restaurateur des
trois églises qui en dépendent. Il mourut l'an du Seigneur 1697, dans la 76e année de son âge et la 55e de
sa profession. Qu'il repose en paix! »

Un simple coup-d'œil jeté sur l'estampage que j'ai
pris de cette inscription, et que la typographie n'a pu
qu'imparfaitement reproduire, suffit pour démontrer
qu'elle a été modifiée après coup ; que le mot PRIOR a
été ajouté entre la 4e et la 5e ligne, et que le premier
mot de la 8e a été profondément gratté et remplacé par
celui de DEFENSOR, pour lequel l'espace manquait et
qu'il a fallu défigurer par deux abréviations : DEFESO*.
La rédaction primitive portait sans nul doute : *Jacobus de Cambronne, hujus domus ac trium ecclesiarum
ab ea dependentium prior et restitutor ;* c'est-à-dire
qu'on y donnait au P. de Cambronne le titre de «Prieur
de Saint-Nicolas et des trois églises qui en dépendent », et de plus celui de « Restaurateur de Saint-
Nicolas et de ces trois églises ».

Ce double titre était bien mérité, comme on le
verra. Qui donc, après sa mort, a pu le lui disputer et
contraindre son successeur à y substituer la qualifica-
tion vague de *Defensor* et à restreindre celle de *Restitutor* aux trois églises de la dépendance du prieuré
de Saint-Nicolas ?

Avant de répondre à cette question, et pour y répondre, il nous faut remonter plus haut dans l'histoire
de ce prieuré.

II

Le prieuré de Saint-Nicolas, du xiiᵉ au xviᵉ siècle.

La *Gallia christiana*, dans les pages qu'elle a consacrées aux maisons religieuses du diocèse d'Uzès, ne s'est occupée que des prieurés de Goudargues, de Valsauve et de Saint-Saturnin-du-Port (aujourd'hui Pont-Saint-Esprit). Elle est muette sur notre monastère, qui fut pourtant l'un des plus considérables de ce diocèse, et qui, pendant tout le xiiiᵉ et le xivᵉ siècles, fut l'objet des libéralités des seigneurs d'Uzès et le lieu de leur sépulture. Nous allons essayer de suppléer à ce silence. Les documents nous feront bien souvent défaut ; nous avons pu cependant recueillir quelques noms, quelques dates et un petit nombre de faits ; nous les consignerons ici, pour jalonner l'histoire future de ce monastère.

C'est dans un diplôme de 896 que le nom de *Campagnac* apparaît pour la première fois [1]. Par cet acte, le roi de Provence, Louis III, dit l'Aveugle, confirme à Amélius, 14ᵉ évêque d'Uzès, diverses possessions qui y sont énumérées. A cette époque, Campagnac n'est pas encore un prieuré, mais simplement un fief, un domaine (*beneficium de Campaniaco*).

Lorsqu'en 1156, le roi de France Louis VII donne ou confirme à Raimond II, 20ᵉ évêque d'Uzès, les diverses églises ou villages qui forment le domaine de son évêché, le prieuré de Saint-Nicolas-de-Campagnac est nominativement indiqué [2]. La fondation de ce prieuré,

(1) *Gall. Christ.*, t. vi, *Eccl. Utic. Instrum.*, i.
(2) *Hist. de Lang.*, t. ii. Preuves, col. 561.

dont nous ignorons la date exacte , est donc postérieure à 896 et antérieure à 1156. La simplicité sévère du style roman de la chapelle et surtout le caractère de son appareil nous permettent de préciser davantage et d'affirmer, sans trop de témérité, que cette chapelle a été construite, et par conséquent le prieuré fondé, dans les premières années du XIIe siècle.

1. Le premier prieur de Saint-Nicolas dont le nom nous soit révélé par les chartes est PONS, qui, au mois de juin 1188, met sa signature au bas d'une transaction conclue , par les soins de Raimond II, évêque d'Uzès , entre les religieux de Gourdouse et l'abbaye de Franquevaux, au sujet de droits de dépaissance sur les terroirs de Malmont et de Malmontet. La signature de Pons vient immédiatement après celle du prieur de Gourdouse et avant celle du prieur de Franquevaux (¹).

2. Le 9 février 1230, un accord, dont nous ignorons l'objet, intervient entre N., prieur de Saint-Nicolas, et Berlon ou Bellon, 26e évêque d'Uzès (²).

3. En 1258, un prieur du nom de PIERRE D'ARPAILLARGUES autorise uu échange fait par un chanoine de son monastère, *Raimond de Saint-Julien*, avec un commandeur de l'hôpital de Saint-Gilles, d'un franc-alleu situé à Argence (³).

4. Le 13 février 1290 et le 10 février 1292 , RAI-

(1) Voyez *Pièces justificatives*, nᵒ I.
.(2) V. Msc. d'Aubais, p. 347, (nᵒ 13, 855, Bibl. de Nimes).
(3) Voir aux *Pièces justificatives*, nᵒ II.

MOND DU CAYLAR, prieur de Saint-Nicolas-de-Campagnac, fait hommage et prête serment de fidélité à
Guillaume de Gardies, évêque d'Uzès, pour tout ce
qu'il possède à Aubarne ([1]). Ce Raymond du Caylar
était allié à la puissante famille des seigneurs d'Uzès.
Les biens pour lesquels il fit hommage à l'évêque lui
venaient, les uns de son père Raynon, et les autres de
son parent, Elzéar, co-seigneur d'Uzès.

C'est en 1295, et pendant que Raymond du Caylar
était prieur, qu'eut lieu un échange entre le roi Philippe-le-Bel et Raimond Gaucelin, autre co-seigneur
d'Uzès, par lequel ce dernier cédait au roi de France la
moitié de la baronie de Lunel (qu'il possédait comme
héritier de Roscelin de Lunel, mort sans postérité) et
recevait en compensation 23 villages ou métairies situées dans le diocèse d'Uzès; plus le péage du pont

---

(1) Pour presque tout ce qui concerne les évêques d'Uzès, les
rédacteurs de la *Gallia Christiana* n'ont fait que traduire en latin les extraits d'actes qui se trouvent dans le msc. d'Aubais déjà cité par nous (Bibl. de Nîmes, 13,855). Il leur est arrivé fort
souvent de mal lire ce msc., surtout lorsqu'il s'agit de noms
d'hommes et de lieux. Voici le texte du manuscrit d'Aubais relatif à l'hommage de Raimond du Caylar : « 10 février 1292. Hommage et serment de fidélité de Raymond du Caylar, prieur de
Saint-Nicolas-de-Campagnac, à Guillaume, évêque d'Uzès, pour
tout ce qu'il possède à Aubarne ; ce qui lui avait été donné par
Eléazar d'Uzès et Raynon, son père ». Voici maintenant la traduction des Bénédictins : « Fidem quoque clientelarem ei pro-
fessus est Raymundus de Caylar, alias de Castlar, prior monasterii Sancti-Nicolai-de-Campanhac, pro his quæ jure caduci (à Aubaine) possidebat, ex dono Eleazardi de Ucetia et Rainonis
ipsius patris, 1290, 13 Febr., et 1292, 10 Febr. » — Les mots
jure caduci, commentés par la note marginale *à Aubaine*, indi-
quent bien que le traducteur a pris pour un *droit d'aubaine*
des propriétés situées à *Aubarne*.

Saint-Nicolas, sur le Gardon, et le péage de Vers, c'est-à-dire du Pont-du-Gard.

5. Nous ignorons le nom du prieur qui succéda à Raymond du Caylar. Les archives municipales de Nimes possèdent un volume où l'on a réuni, sous la dénomination : *Titres étrangers*, des actes qui, en effet, n'intéressent pas l'histoire de la ville de Nimes. La pièce cataloguée sous le n° 4 est intitulée : « Rôle des procurations ou droits de visite accordés par le pape Clément V à l'archevêque de Narbonne sur diverses églises du diocèse d'Uzès » (1).

Le prieur de Saint-Nicolas figure le second, immédiatement après le précenteur du Chapitre d'Uzès, prieur de l'église de Théziers, sur la liste de ceux qui n'ont pas acquitté ce droit. Cet acte, qui porte la date de 1314, ne nous donne pas le nom du prieur. Nous savons seulement, par le testament de Raymond Gaucelin, co-seigneur d'Uzès, en date du 30 juin 1316, que le prieur qui gouvernait alors le monastère de Saint-Nicolas fut l'un des trois exécuteurs testamentaires, nommés par ce seigneur, qui, à en juger par l'acte dépositaire de ses dernières volontés, paraît avoir porté une grande affection au prieuré de Saint-Nicolas.

Ce fut pendant un pélerinage à Notre-Dame-de-Fourvière, qu'il faisait en compagnie de deux de ses oncles maternels, Guillaume de Frédol, évêque de Béziers, et André de Frédol, alors évêque élu d'Uzès, que Raymond Gaucelin fit, *apud civitatem Lugdunensem, loco vocato Forveria*, ce testament (2), que nous

(1) Voir aux *Pièces justificatives*, n° III.
(2) Voir aux *Pièces justificatives*, n° IV.

avons retrouvé dans les *Notes généalogiques du marquis d'Aubais*. Nous allons en extraire ce qui se rapporte à notre sujet.

« 1º Il demande à être enterré au monastère de Saint-Nicolas, ordre de S. Augustin, diocèse d'Uzès, au tombeau de ses prédécesseurs.

» 2º Il veut que son héritier y fasse une fondation de quatre chapellenies, de quinze livres tournois de rente chacune, et confirme la fondation de deux chapelles, que son père y avait faite.

» 3º Il donne audit monastère cent livres tournois.

» 4º Il veut que son héritier fonde un *hospice* dans le lieu le plus proche dudit monastère, pour lequel hospice il donne quarante livres tournois de rente à prendre sur ses revenus de Bezouce, au diocèse de Nîmes ; tous ses draps de lit, nappes et essuie-mains.

Puis, après un assez grand nombre de legs, curieux pour l'étude des mœurs de l'époque, il nomme, pour ses exécuteurs testamentaires, « le prieur dudit monastère de Saint-Nicolas, le gardien des Frères-Mineurs d'Uzès, et Raimond Geniez », un chevalier qui avait été son fidèle compagnon. Enfin, il institue héritier universel un troisième oncle maternel, Béranger de Frédol, qui avait été dans le monde seigneur de Lédenon et qui était alors évêque de Tusculum, grand pénitencier de l'Eglise romaine, et cardinal du titre des SS. Nérée et Achillée.

6. Le 19 mars 1319, MICHEL DE CAZALIERS, prieur de Saint-Nicolas, fait hommage à André de Frédol, devenu évêque d'Uzès, de tout ce que son monastère possède à Campagnac et à Sainte-Anastasie. Un acte

authentique ([1]) nous apprend que c'est le 18 mars 1321, c'est-à-dire sous le priorat de Michel de Cazaliers, que l'évêque de Tusculum, sentant sa fin approcher, réalisa ce qui lui restait encore à exécuter des dernières volontés de son neveu, et fit bâtir l'hospice de pélerins. Sur la hauteur à gauche, en venant de Nimes, on voit encore, à vingt pas à peine des murailles du couvent, deux pans de maçonnerie massive, aujourd'hui sans parement. C'est tout ce qui reste de l'asyle ouvert par la générosité du seigneur d'Uzès aux pauvres voyageurs sans abri, et qui peut-être, pour traverser le pont, avaient été obligés d'abandonner au péager leur dernière *pitte* ([2]).

7. Vers le milieu du XIVe siècle, et sans doute sous la discipline du prieur qui succéda à Michel de Cazaliers, s'élevait, au monastère de Saint-Nicolas, un jeune novice aussi distingué par son savoir que par son humble et fervente piété, *Raymond Jordan*, qui devint plus tard prévôt de l'église d'Uzès, et l'auteur, demeuré longtemps inconnu ([3]), d'un livre mystique

(1) Msc. d'Aubais (Bibl. de Nimes, n° 13,855), p. 350. — *Gall. Christ.*, t. VI, col. 633.

(2) La pitte était une petite monnaie de cuivre, la dernière de la série. Elle équivalait à la moitié d'une obole ou au quart d'un denier, c'est-à-dire, en monnaie actuelle, à un peu moins d'un sou, 4 centimes et 1/16e.

(3) Ce n'est qu'au XVIIe siècle que la critique savante du jésuite Théophile Raynaud (*De Raymundo Jordano Cogitationes*, 1638) prouva que les quatre traités connus sous le nom de l'*Idiota sapiens* (*Meditationes*, — *De B. M. Virgine*, — *De Vita religiosa*, — *Oculus mysticus*) avaient pour auteur un chanoine de S. Augustin, prévôt de l'église d'Uzès vers 1380.

célèbre au moyen-âge. L'*Idiota sapiens* ([1]), né de la même inspiration que l'*Imitatio Christi*, qui le fit oublier, l'avait précédée d'un demi-siècle.

Nous aimons à penser que c'est sous la voûte de cette belle chapelle romane de Saint-Nicolas, ou sur les âpres, mais romantiques bords du Gardon, que Raymond Jordan se livra aux pieuses méditations d'où sont sortis plus tard les divers traités qui forment le livre de l'*Idiota*.

Raymond Jordan aurait ainsi recueilli et résumé, pendant ces dernières années de calme et de ferveur monastiques, les pures et saintes traditions de son monastère, avant que les agitations extérieures auxquelles le Languedoc fut bientôt en proie, avant que les ravages des Tuchins et des Routiers vinssent marquer l'heure des angoisses et donner le signal de la décadence.

8. Le plus ancien compoix que possèdent les archives municipales de Nimes, celui de 1380, nous fait connaître que la métairie de Font-Aubarne, située au terroir de Courbessac, dans le taillable de Nimes, payait une redevance au prieur de Saint-Nicolas ([2]) ; mais cette simple mention ne nous donne même pas le nom du prieur d'alors.

Le compte du clavaire ou trésorier des consuls de Nimes, pour l'année 1383, nous apprend que, les Tuchins s'étant emparés, cette année-là, du château de

---

(1) *Idiota sapiens, antehac truncus, nunc integer.* Lyon, 1638, in-12 ; — 2ᵉ édition, Paris, 1654, in-4º.

(2) *Ad Fontem Albarnæ. Servit priori Sancti Nicolay.* — Arch. mun. de Nimes, Compoix de 1380, fº 40, rº.

Sampzon, dans le Vivarais (¹), des troupes se rendirent à Uzès où les attendaient Jean de Conort, réformateur de la sénéchaussée et lieutenant du sénéchal, chargé avec Simon Maymone, procureur du roi, du siége de Sampzon (²). Ces troupes, qui partirent de Nimes le 1ᵉʳ juillet, sous la conduite de Jean de Bucy, et qui, sans aucun doute, firent halte au prieuré de Saint-Nicolas, où leur arrivée ne laissa pas de jeter quelque confusion, étaient-elles composées d'habitants de Nimes, comme le petit corps qui partit de cette ville le 28 du même mois, sous le commandement d'Antoine Scatisse (³) ? Nous ne le pensons pas, puisque le clavaire se sert pour les désigner de l'expression *gentibus armorum*, tandis qu'il appelle *gentibus hujus villæ* les hommes partis, le 28 juillet, avec Antoine Scatisse (⁴).

A la fin de cette même année 1383, une compagnie de routiers, commandée par Raymond de Provins, et qui s'était établie dans le château de Saint-Quentin, près d'Uzès, vint faire des courses dans le territoire de Nimes, et passa au pied du prieuré sans en faire le siége. C'est encore ce même compte du clavaire de

(1) Dans la commune de ce nom, canton de Vallon (Ardèche), on voit encore aujourd'hui, sur un pic isolé, quelques ruines de ce château.

(2) Ménard, t. III. Preuves, p. 49, col. 2.

(3) Antoine Scatisse fut viguier de Nimes et seigneur de Villevieille. Il descendait d'un marchand lucquois, Barthélemi Scatisse, qui était venu, à la fin du XIIIᵉ siècle, s'établir à Nimes. Antoine Scatisse avait sa maison dans la rue de *la Bouquerie*, maintenant du *Grand-Couvent*. On voit encore, sur la clé de voûte de la porte d'entrée de la maison n° 8, les traces de ses armoiries : *Un chevron, accompagné de deux larmes en chef et d'une croix en pointe placée au dessus d'une mer.*

(4) Ménard, t. III. Preuves, p. 54, col. 1.

1383 qui mentionne le fait de ces courses, à la date du 2 décembre (¹).

Vers le milieu du xvᵉ siècle, commence la décadence, avec la *commende* (²). Ce n'est pas encore complètement le système déplorable dont nous constaterons les tristes effets dès le xviᵉ siècle ; ce n'est pas encore le roi qui nomme des abbés et des prieurs commendataires ; c'est le Pape qui crée des *administrateurs-perpétuels*. Il y a, sans doute, dans ces choix du Souverain-Pontife, des lumières et des garanties qui assurent aux établissements monastiques des chefs capables de défendre leurs intérêts ; mais ce ne sont plus des religieux, des moines, n'ayant d'autre ambition que celle de guider leurs frères dans les voies de la perfection. D'ailleurs, ces *administrateurs-perpétuels* n'administrent presque jamais par eux-mêmes ; ces *prieurs commendataires* ne résident pas habituellement dans leurs prieurés, et délèguent à un simple religieux le soin des intérêts spirituels et temporels de leur monastère.

9. En 1470, c'est un simple chanoine de S. Augustin, *Gilles de Vignal* (³), en même temps prieur de

(1) *Die* II *decembris...., Mondonus de Prohinis erat in loco Sancti Quintini, et heri currerat in territorio Nemausi.* — V. Ménard, t. III. Preuves, p. 55, col. 1.

(2) « Une *commende* est une provision d'un bénéfice *régulier* accordée à un *séculier*, avec dispense de la *régularité* ». — L'abbé André, *Dictionn. de Droit canon*, sub voc.

(3) Nous trouvons, dans les registres de Sauvaire André, notaire d'Uzès, pour cette même année 1470 (fᵒ 34, vᵉ, Arch. dép. du Gard, E, 27, suppl.) : *Venerabilis et religiosus vir dominus Petrus de Vinhali, canonicus (Sancti-Nicolai!), prior de Gordosa.* C'était sans doute le frère ou le parent de *Gilles de Vignal*, chanoine de Saint-Nicolas et prieur de Bourdic. — Sur le prieuré de Gourdouse, voir *Pièces justificatives*, nᵒ 1, note 1.

Bourdic (¹), qui représente le monastère de Saint-
Nicolas au synode diocésain tenu, au mois d'octobre
de cette année, dans l'église de Saint-Théodorit d'Uzès.
La séance d'ouverture de l'assemblée synodale, qui
eut lieu le jour de S. Luc (²), fut présidée par
messire Jean Teissier, prévôt de la cathédrale, délégué de l'évêque Jean de Mareuil (³), assisté de messire
Nicolas Maugras (⁴), docteur en droit canon, sacriste

(1) Sur Gilles de Vignal, voir encore (notes de S. André, E,
30, suppl., f° 110, r°) un acte du 23 janvier 1476 (1477), et f° 112,
r°, un autre, d'où l'on peut conclure qu'il était originaire d'Alais,
où l'un de ses frères, nommé Jacques, était établi marchand.

(2) 18 octobre.

(3) Jean de Mareuil fut évêque d'Uzès de 1467 à 1483.

(4) Nicolas Maugras, qui occupa le siége d'Uzès après Jean de
Mareuil, de 1483 à 1503, était, dès 1470, aumônier de l'église
cathédrale d'Uzès : *Reverendus pater dominus Nicolaus Malegrassi, decretorum doctor, elemosinarius cathedralis ecclesiæ
Uticensis* (Notes de Sauv. André, 1470, Arch. dép. du Gard, E,
27, supp., f° XI, r°). — Il en est nommé sacristain peu de temps
après (Ibid, f° XIII, v°, et XIV, r°.) — Il était, de plus, administrateur
perpétuel du prieuré de Fontanès, dont il arrente le bénéfice, le 25
juillet, *Petro Michaelis, presbitero, loci de Nolhaco, parochiæ
Sancti-Privati, diocesis Anictensis* (Nolhac, hameau de la commune de Saint-Privat-d'Allier, Haute-Loire). (Ibid., f° XLIII, r°.)—
Dès le 27 septembre de la même année, Maugras a le titre de
*Vicarius generalis, in spiritualibus et temporalibus, reverendi in
Christo patris et domini domini Johannis, miseratione divina
Uticensis episcopi* (Ibid., f° LII, r°). — Il assiste au synode diocésain, le 18 octobre de la même année, comme vicaire-général
(Voir aux *Pièces justificatives*, n° VII.). — Jean de Mareuil
étant mort au mois d'août 1483 (*Arrendamentum emolumenti
firmiæ et sigilli curiæ spiritualis et temporalis Uticensis*, SEDE
EPISCOPALI VACANTE... 18 août 1483, S. André), Nicolas Maugras
fut élu évêque d'Uzès vers la fin de septembre, et il en prend
le titre (*electus Uticensis*) dans un acte du 19 octobre (Ibid.) Il ne
reçut ses bulles de Rome que vers les premiers jours de janvier
1483 (1484), et c'est à partir de cette époque seulement qu'il figure
dans les actes avec le titre d'*Uticensis episcopus*. — M. Ch.

de la cathédrale, commendataire-perpétuel de l'église de Fontanès, vicaire-général, pour le spirituel et le temporel, du seigneur évêque d'Uzès. Dans l'énumération des membres qui composent le synode, et dont les noms et qualités sont énoncés, suivant l'ordre hiérarchique, dans l'acte que je reproduis aux *Pièces justificatives* (1), Gilles de Vignal vient immédiatement après les chanoines de la cathédrale. Les religieux de Saint-Nicolas étaient, en effet, les seuls ecclésiastiques qui, après le chapitre de Saint-Théodorit, eussent rang de chanoines dans le diocèse.

Le seul acte que nous ayons retrouvé de ce synode nous apprend que le clergé de la ville et du diocèse d'Uzès avait alors, avec son évêque, un procès pendant au Parlement de Toulouse, au sujet de certaine redevance pécuniaire que Jean de Mareuil, ou son vicaire-général, avait, à l'occasion de la dernière visite épiscopale, prétendu lever sur tous les bénéfices du diocèse.

On se rappelle que, déjà en 1314 (2), l'archevêque de Narbonne avait grand-peine à se faire payer ce droit de visite, et le *Rotulus* que nous ont fourni les archives municipales de Nîmes (3) nous a donné la liste des églises et prieurés du diocèse d'Uzès qui tardaient à s'en acquitter. C'est, sans aucun doute, ce

Tourtoulon (*Notes pour servir à un nobiliaire de Montpellier*, p. 142) dit n'avoir pu « découvrir aucun renseignement sur la famille *de Maugras* ». Voici, du moins, les armoiries que portait l'évêque d'Uzès : *D'azur, à deux coquilles d'or en chef, avec une ombre de soleil d'or en pointe.*

(1) Voir aux *Pièces justificatives*, n° VII.
(2) Voir ci-dessus, p. 15.
(3) Voir aux *Pièces justificatives*, n° III.

droit que Jean de Mareuil, ou quelqu'un ｃ. ｓ prédécesseurs, se substituant au métropolitain, avait
essayé de maintenir ou de remettre en vigueur.
Comme on le voit, le clergé tout entier avait résisté.
De là le procès, pour lequel ce clergé, réuni au synode de 1470, donne procuration à des avocats et
jurisconsultes de la cour du parlement de Toulouse.
Nous ignorons quelle en fut l'issue.

10. Gilles de Vignal assistait-il au synode de 1470
comme délégué du prieur commendataire, ou simplement comme prieur de Bourdic, au même titre que
tous les autres bénéficiers énumérés dans l'acte que
nous donnons aux *Pièces justificatives* (¹)? Nous ne
saurions le dire; mais ce que nous pouvons affirmer,
c'est que, en 1472, le pape Sixte IV donnait la commende du monastère de Saint-Nicolas à JEAN DE
LAUDUN, protonotaire apostolique (²).

Jean de Laudun appartenait à une des plus anciennes et des plus puissantes familles du diocèse d'Uzès (³),
alliée, depuis le xiiie siècle, aux Gaucelin, co-seigneurs
d'Uzès. On voit, par un passage du testament dicté
par Raymond Gaucelin en 1316, que ce co-seigneur
d'Uzès était fils d'autre Raymond Gaucelin et de N.
de Laudun (⁴). François de Laudun, écuyer, échanson
du Dauphin, plus tard Louis XI, reçut, en 1437,
Charles VII dans son château de Laudun.

Jean de Laudun, le protonotaire apostolique, était

(1) Nᵒ VII.
(2) Voir aux *Pièces justificatives*, nᵒ VIII.
(3) Les Laudun portaient : *D'azur, au sautoir d'or, et un lambel
de gueule en chef.*
(4) Voir aux *Pièces justificatives*, nᵒ IV.

fils de Guillaume de Laudun, chevalier, seigneur
de Montfaucon, compris, entre 1424 et 1478, dans
les revues du ban et arrière-ban de la sénéchaussée
de Beaucaire, et de Jeanne de Laudun (¹). Ses parents
possédaient, outre la seigneurie de Montfaucon (²),
dont Guillaume prenait le titre, celles de Gissac (³),
de Lascours (⁴), de Ferreirolles (⁵) et plus tard celle
d'Aigaliers (⁶), un hôtel (⁷) et plusieurs maisons dans

(1) *Nobilis Johanna de Lauduno, uxor nobilis et potentis
domini Guillermi de Lauduno, militis, domini Montis-Falconis... Actum in loco de Coliaco, in castro dicti domini Montis-
Falconis.* — 9 novembre 1478. (Notes de Sauv. André, Arch. dép.
du Gard, E, 31, suppl., fᵒ LIII, vᵒ).

(2) *Montfaucon*, commune du canton de Roquemaure. — Bien que
compris dans la viguerie de Roquemaure, et par suite dans le diocèse d'Uzès pour le temporel, Montfaucon, avant 1790, relevait, pour
le spirituel, du diocèse d'Avignon. C'est sur le territoire de la commune
de Montfaucon que se trouvent les ruines de l'église Saint-
Martin-du-Jonquier (Voir aux *Pièces justificatives*, nᵒ III, note 59).

(3) *Gissac*, aujourd'hui domaine sur le territoire de la commune
de Saint-Laurent-des-Arbres, canton de Roquemaure. Cette seigneurie des Laudun a donné son nom au ruisseau de Gissac, qui
prend sa source sur la commune de Saint-Laurent-des-Arbres, et
se jette dans le Nizon, sur le territoire de la même commune.

(4) *Lascours* est encore aujourd'hui un château situé sur le territoire de la commune de Laudun.

(5) *Ferreirolles*, hameau de la commune de Saint-Privat-de-
Champclos, canton de Barjac. Au milieu des bois, sur une hauteur
qui domine la Cèze, on voit encore les ruines de ce château. — Au
XVIᵉ siècle, les Laudun n'étaient que co-seigneurs de Ferreirolles ;
les de Banne d'Avejan en étaient aussi seigneurs. Bientôt même
cette terre leur appartint tout entière.

(6) *Aigaliers*, commune du canton d'Uzès, était, avant 1790, le
chef-lieu du mandement de ce nom, qui, outre Aigaliers, comprenait Brueys, Auchabian, Gatigues, Bourdiguet, Marignac et
Foussargues. — Au XVIᵉ siècle, la famille des Brueys partageait,
avec les Laudun, la seigneurie d'Aigaliers.

(7) *Actum Ucecia, in domo sive castro domini Montis-Falconis..*
(Voir aux *Pièces justificatives*, nᵒ VII, 2].

la ville d'Uzès, un château à Colias (¹), un grand
nombre de propriétés, de moulins (²), de droits seigneuriaux. L'aîné de ses frères, Antoine de Montfaucon, prenait le titre de seigneur de Ferreirolles. Jean,
comme cadet, se fit d'église; et c'est lui que nous
voyons, en 1472, protonotaire du Saint-Siége apostolique et chargé de l'administration perpétuelle du
prieuré de Saint-Nicolas-de-Campagnac, c'est-à-dire
pourvu d'une sinécure à vie.

L'évêque Jean de Marcuil n'avait pu refuser le *forma-dignum* (³) au membre d'une si puissante famille;

(1) Il y avait deux châteaux à Colias : 1º celui des Laudun; qui
leur était venu sans doute des Gaucelin, co-seigneurs d'Uzès,
avec lesquels nous les avons vus s'allier dès la fin du XIIIᵉ siècle
(voir le testament de Raymond Gaucelin, *Pièces justificatives*,
nº IV); c'était proprement le *Château de Colias*; c'est là que les
Laudun, seigneurs de Montfaucon, faisaient, aux XVᵉ et XVIᵉ siècles, leur résidence habituelle; il occupait, dans ce village, l'emplacement appelé aujourd'hui le *Castellas*; — et 2º le *Château de
Bonnaure*, bâti, au XVIᵉ siècle, par Jean de Saint-Etienne (*Nobilis
et generosus vir dominus Johannes de Sancto-Stephano, capita-
neus Bois-Rigaud, dictus Daugeraut, ac dominus castri et senho-
riæ de Bone-Aure, loci de Coliaco, Ulicensis diocesis, arrendavit
discreto viro Michaeli Aymerici, loci de Coliaco, dictum castrum
de Bone-Aure, situm in prædicto loco de Coliaco, et juxta castrum domini Montis-l'alconis, una cum furno et molendino oliva-
rum*. (Vidal Mercier, notaire d'Uzès, 1532; Arch. dép. du Gard,
E, 34, suppl. fº 219, rº). Ce château existe encore, et appartient
aujourd'hui à M. Albert des Portes, officier de marine.

(2) Entre autres le *Moulin-du-Sauze*, sur l'Alzon, que Guillaume
de Laudun possédait indivisément avec l'évêque d'Uzès. (Notes
de S. André, 1476, E, 30, suppl., fºˢ XXVII et XXVIII.)

(3) « Les lettres de *forma-dignum* sont des provisions de bénéfices accordées en forme commissoire; c'est une espèce de mandat
de providendo, adressé à l'ordinaire de qui dépend le bénéfice, ou à
son grand-vicaire, par lequel le Pape leur ordonne de conférer le
bénéfice à l'impétrant, s'ils l'en trouvent digne. Ces provisions sont
ainsi appelées, parce que la formule dans laquelle elles sont con-

mais, toujours jaloux de maintenir les droits de sa
dignité épiscopale, il eut à peine appris la présence
dans le pays du nouveau prieur de Saint-Nicolas qu'il
lui dépêcha Thibaud Malet, bachelier ès-lois, avec la
mission de requérir, en son nom, l'hommage et le
serment de fidélité que les prieurs de ce monastère
devaient aux évêques d'Uzès, et que nous avons vu
prêter, en 1292, par le prieur Raymond du Caylar,
pour tout ce qu'il possédait à Aubarne ([1]). Thibaud
Malet se présenta au château de Colias, le 25 juin
1472, accompagné de Gaucelme Alamons, chanoine
de l'église d'Uzès et prieur de Saint-Vincent-de-Colias,
de Foulquet Odin, prieur de Saint-Marcel-de-Carreiret, et d'un notaire d'Uzès, Sauvaire André. Il trouva
Jean de Laudun en compagnie d'un prêtre, Jean de
Massane, prieur des Brugèdes ([2]), son aumônier, et
le somma de prêter à l'évêque d'Uzès l'hommage et
le serment, comme il y était tenu et comme ses prédécesseurs avaient coutume de le faire; le menaçant,
en cas de refus, des peines applicables en pareille cir-
constance, et protestant que l'évêque était résolu à
faire valoir ses droits.

Jean de Laudun, qui n'avait peut-être pas encore
songé à se mettre au courant des formalités qu'il avait
à remplir comme prieur, se retrancha dans sa dignité

ques commence par ces mots : *Dignum arbitramur*..... Le
forma-dignum n'a été introduit que parce que le Pape, dont l'in-
tention est de ne pourvoir de bénéfice aucun indigne, ne pouvant
connaître les impétrants par lui-même, a dû nécessairement en
renvoyer l'examen aux ordinaires des lieux ». — L'abbé André,
Dict. de Droit canon, sub voc.

(1) Voir ci-dessus, p. 14.
(2) *Les Brugèdes* (?), hameau de la commune de Sénéchas,
canton de Genolhac.

de protonotaire apostolique, et répondit que, en cette qualité, il n'entendait pas prêter foi et hommage à l'évêque; que, seulement, si on lui prouvait qu'il y était tenu, il s'offrait à s'en acquitter dans deux jours; et il demanda acte au notaire de son refus et de son offre.

Le 28 juin, en effet, il se rendit à la ville épiscopale. Thibaud Malet vint le trouver dans l'hôtel que les seigneurs de Montfaucon possédaient à Uzès. Jean de Laudun l'y attendait, assisté de deux notaires, Jean Avignon et Léger Borrafin, et d'un bachelier ès-lois, Durant Girin. Thibaud renouvela sa requête; le prieur répondit comme il avait fait deux jours auparavant, à Colias, demandant au procureur de l'évêque de lui prouver qu'il était tenu à l'hommage et au serment; ce que Thibaud s'offrit à faire, si Jean de Laudun voulait bien se rendre, dans une heure, à l'hôtel de l'Officialité diocésaine.

Là, en présence de Philippe Deschamps, bachelier *in utroque*, de Firmin Cavalier, trésorier de l'évêque, des deux notaires Avignon et Borrafin, et du bachelier Durant Girin, Thibaud Malet présenta à Jean de Laudun un acte de transaction passé entre les prédécesseurs du seigneur évêque et ceux du seigneur prieur de Saint-Nicolas-de-Campagnac, et qui déterminait les formalités et les termes de l'hommage et du serment contestés. Il en fit donner lecture, *de verbo ad verbum*, par messire Philippe Le Monoyer, chanoine du chapitre cathédral; et cette lecture terminée, il présenta de nouveau sa requête. Bien que cette preuve fût assez péremptoire, Jean de Laudun ne se rendit pas encore; il demanda qu'il lui fût donné une copie de la transaction, « attendu qu'il voulait en délibérer

avec les chanoines du chapitre de Saint-Nicolas ».
Thibaud Malet refusa la copie demandée, disant que
« les seigneurs chanoines pouvaient se transporter,
leur prieur en tête, à l'Officialité d'Uzès, et que là on
leur livrerait l'acte original pendant l'espace de quatre
ou cinq heures » (¹).

Jean de Laudun se retira sans prêter serment. Cette
formalité fut-elle jamais accomplie par lui? Nous
l'ignorons; mais il ne garda pas longtemps sa commende, et la fit bientôt (²) passer sur la tête de son
jeune frère, Olivier de Montfaucon, qui n'était pas
même encore dans les ordres.

11. On le voit, les commendes étaient comme des fiefs
ecclésiastiques distribués par la faveur aux membres
des familles aristocratiques (⁵). OLIVIER DE MONT-

(1) Voir aux *Pièces justificatives*, n° VIII, 3.

(2) Sans doute en 1477, puisque l'acte par lequel Olivier de
Montfaucon arrenta le bénéfice de Saint-Nicolas à son frère aîné
Antoine, fut reçu par le notaire d'Uzès, Jean Avignon, mort avant
le mois d'octobre 1478. — (Voir aux *Pièces justificatives*, n° IX).

(3) La famille des Laudun, seigneurs de Montfaucon ou seigneurs
d'Aigaliers, paraît avoir été, du xvᵉ au xviiᵉ siècle, singulièrement
âpre à la curée des bénéfices, dans le diocèse de Nîmes aussi bien
que dans celui d'Uzès; elle en eut même à la cour de France.
C'était, du reste, une famille lettrée; et, si on peut lui reprocher
d'avoir accaparé beaucoup de revenus ecclésiastiques, il faut aussi
reconnaître qu'elle a fourni à l'histoire littéraire de notre pays
deux noms qui ont jeté un certain éclat, à la fin du xviᵉ siècle et
au commencement du xviiᵉ, ceux de *Robert de Laudun*, aumônier
du roi (Henri IV), et de *Pierre de Laudun*, son neveu:

Robert de Laudun n'est pas un auteur, comme son neveu, mais
c'était un lettré. Il n'a rien fait imprimer sous son nom, si ce n'est
deux pièces sans aucune importance : — 1. *Robert de Laudun av
lectevr.* (Avertissement en prose, parmi les pièces liminaires de
la Franciade, poème épique de son neveu Pierre de Laudun; —

FAUCON, au moment où il fut pourvu de ce bénéfice, ne pouvait veiller par lui-même aux intérêts spirituels ni même aux intérêts matériels du prieuré de Saint-Nicolas, puisqu'il faisait alors ses études de droit et de théologie à l'université d'Avignon. Sa famille pourvut à l'administration des biens; pour elle, c'était là le point essentiel. Antoine de Montfaucon, seigneur de Ferreirolles, frère aîné d'Olivier, devint donc son « rentier »; et nous le voyons, en cette qualité, le 23 octobre 1478, sous-arrenter (¹) à Pons Audemar, dit *Boy*, de Colias, et à Jean Pagès, déjà rentier du bénéfice de Sanilhac, « les herbages et droits de dépaissance des devois de Saint-Nicolas vulgairement appelés *Mont-Plan*, *Miech-Carton*, *le Petit-Devois en deçà du Gardon*, *les Castels-Berrias* et *les Milhenses*, pour une

---

2. *A l'avthevr mon nevev, svr son anagramme :* PIERRE DE LAVDVN—LEVRE DE PINDARE. (Parmi les pièces liminaires de la Franciade). — On remarquera que l'anagramme n'est pas parfaite; car on trouve *Pierre de Lavden* et non *de Lavdvn*. Il faut sans doute lire : LEVVRE (l'œuvre) au lieu de LEVRE; ce qui donne DE LAVDEVN. — Si l'on en croit l'abbé Goujet, c'est lui qui serait l'auteur du commentaire perpétuel en prose, commentaire surchargé d'érudition, mais sans critique aucune, qui interrompt, à chaque page, les vers de *la Franciade*.

Pierre de Laudun est auteur des trois ouvrages suivants :

1. *Poésie contenant deux tragédies* (*le Martyre de S. Sébastien et Horace*); *la Diane*, poème; *Mélanges, etc.* Paris, Anth. dv Brveil, 1596, in-12;

2. *L'Art poétique français divisé en cinq livres.* Paris, Anth. Dv Brveil, 1598, in-16;

3. *La Franciade, divisée en neuf livres.* Paris, Anth. Dv Brveil, 1604, in-12.

Nous avons réuni, sous le n° X des *Pièces justificatives*, un certain nombre d'actes ou extraits d'actes relatifs à la famille de Laudun.

(1) Voir aux *Pièces justificatives*, n° IX.

année à partir du 15 mai suivant (1479), au prix de 110 livres tournois (¹).

. Pendant qu'Antoine de Montfaucon veillait aux revenus de la commende de son frère Olivier, les religieux de Saint-Nicolas, que nous avons vus représentés à un synode diocésain d'Uzès par l'un d'entre eux, qui était en même temps prieur de Bourdic (²), entretenaient des relations de confraternité et de bon voisinage avec le chapitre cathédral de Nimes, vivant, comme celui d'Uzès et comme eux-mêmes, sous la règle de S. Augustin. Le 10 décembre 1482, *Jean de Nimes*, chanoine de Saint-Nicolas et prieur de Saint-André-de-Colorgues, signe, comme témoin, l'acte de prestation du serment fait, ce jour-là, par Jacques de Caulers, évêque de Nimes, dans le chapitre régulier des chanoines (³).

En 1505, un différend s'était élevé entre les consuls de Nimes et les chanoines de Saint-Nicolas, au sujet des limites du territoire de Nimes, dont les garrigues confinaient, vers le nord, avec un devois du monastère. Les comptes des consuls de cette année-là nous apprennent qu'une transaction eut lieu alors *inter dic-*

(1) D'après les calculs de M. Pierre Clément, membre de l'Institut (Académie des sciences morales et politiques), une livre tournois d'alors, contenant 20 sols, vaudrait aujourd'hui 40 fr. Les herbages de Saint-Nicolas auraient donc été loués au prix de 4,400 fr., valeur de nos jours.

(2) Voir ci-dessus, p. 20-21.

(3) « Actum Nemausi, in capitulo regulari dictorum dominorum canonicorum, et præsentibus : reverendo patre domino Jacobo, abbate Salvii, diocesis Nemausensis; *religioso viro domino Johanne de Nemauso, canonico Sancti-Nicolai, priore de Colonicis, diocesis Uticensis*;... ». — Cfr Mén., t. IV, p. 6, et Preuves, p. 24, col. 1.

tos dominos consules, et egregium dominum priorem de Sancto-Nicolao et monachos monasterii ejusdem Sancti-Nicolay ([1]). Malheureusement cette transaction ne nous est point restée ; du moins nous n'avons pu la retrouver dans les archives municipales de Nimes.

12. Au commencement du xvi⁰ siècle, le prieur de Saint-Nicolas est représenté, à la tête de son monastère, par un simple chanoine, auquel il a donné procuration pour diriger les religieux (sans doute peu nombreux) qui habitent encore le monastère, gérer en son nom les intérêts matériels de son prieuré et en faire rentrer les revenus. Frère *Jean Guilhen*, afin de vaquer plus librement au soin spirituel des populations agricoles qui vivaient autour du monastère, avait arrenté à un prêtre de Sanilhac ([2]), messire Jean Marbain, les « revenus et émoluments» du prieuré. Celui-ci, à son tour, les avait sous-arrentés à messire Simon Pujolas ([3]), prêtre des environs. Frère Jean Guilhen eut beau déployer une activité dont nous avons retrouvé quelques preuves, tous ses efforts ne pouvaient empêcher les biens, encore assez considérables, du monastère de se dilapider entre les mains de fermiers avides ou négligents.

Il existait à Blauzac une *confrérie* dite du *Saint-Esprit,* fondée sans doute au xiii⁰ siècle, à l'occasion de la construction du Pont de Saint-Nicolas, et pour recueillir les aumônes destinées à cette œuvre. De tout

---

(1) Cfr Ménard, t. iv, p. 70-71, et Preuves, p. 80, col. 2.

(2) *Sanilhac,* commune du canton d'Uzès, appartenait, avant 1790, à la viguerie et au doyenné d'Uzès. On y voit encore une tour du xiv⁰ siècle, dite *la Tour-Vieille* et un château ruiné de la même époque.

(3) Voir aux *Pièces justificatives,* n⁰ xii.

temps, les prieurs de Saint-Nicolas en avaient été les protecteurs (*conservatores*). C'est à ce titre, et comme représentant de « monseigneur de Saint-Nicolas », que, le 7 mai 1531, frère Jean Guilhen, de concert avec Bernard Pouget et Pierre Belet, bayles de la confrérie du Saint-Esprit, du lieu de Blauzac, arrente à Antoine Avinent, habitant de Blauzac, deux vignes appartenant à cette confrérie (1).

Au mois d'avril 1533, une crue du Gardon emporta une partie des barrages des deux moulins à blé de Saint-Nicolas, situés en aval du pont (2). Le meunier, Louis Violet, somma le sous-fermier, messire Simon Pujolas, qui lui avait arrenté ces moulins, de faire réparer les dommages causés à la levée par l'inondation. Celui-ci s'y refusa ; et, prenant à partie frère Guilhen, comme « procureur de monseigneur de Saint-Nicolas », il le requit, par devant notaire, de faire exécuter les réparations demandées par Louis Violet, « protestant contre ledit seigneur de Saint-Nicolas, en personne du frère Guilhen, son procureur, de tous dépens, dommages et intérêts qui pourraient résulter du retard ». Le chanoine Guilhen lui répond que ce n'est pas le seigneur de Saint-Nicolas « qui est tenu de faire réparer la levée des moulins, mais que ce soin incombe au fermier Jean Marbain ou à lui, Simon Pujolas, cessionnaire de Marbain. En effet, c'est leur négligence qui a causé ce désastre ; s'ils avaient réparé, *tempore debito*, certaine petite brèche, comme ledit Marbain s'était engagé à le faire, à l'époque de l'arrentement, l'inondation n'aurait pas emporté le barrage ». Ceci se

(1) Voir aux *Pièces justificatives*, n° XI.
(2) Voir aux *Pièces justificatives*, n° XII.

passait le 23 mai. Il paraît que Simon Pujolas se décida à faire une réparation telle quelle, mais si incomplète que lorsque le meunier voulut, le 23 juin, remettre ses moulins en activité, il s'aperçut que l'un des deux seulement pouvait marcher. Frère Guilhen se rendit le jour même à Uzès, d'où il revint accompagné du notaire Ariffon ; et, ayant trouvé messire Simon Pujolas dans le réfectoire du monastère, il dressa un nouvel acte de protestation ([1]), où il lui remontre que les vignes du monastère sont dans l'état le plus déplorable par sa négligence. Ainsi « la vigne appelée de *Moussen Guilhen* n'a pas été travaillée, de toute l'année précédente ; la vigne de *la Mayre* n'a été ni taillée ni labourée ; les valats des *Plantiers* n'ont point été curés ; le *Grand-Plantier*, sauf deux journaux ([2]), n'a point été labouré, non plus que cinq journaux de la vigne de la *Clauselle* ; le valat de la vigne *Dessous-Campagnac* n'a point été curé». Le frère Guilhen, en conséquence, « proteste de tous intérêts et dommages qui en pourraient venir à monseigneur de Saint-Nicolas».

De 1535 aux premières années du xviie siècle, les documents nous font absolument défaut (du moins pour le moment ; car nous ne désespérons pas d'en retrouver encore dans nos archives locales). Nous sommes donc réduit aux conjectures ; mais nous ne risquons guère de nous tromper, en supposant que le relâchement et le désordre s'introduisirent à Saint-Nicolas, comme dans la plupart des monastères, à cette époque.

---

(1) Voir aux *Pièces justificatives*, nº xii, 4.

(2) Le *journal*, ou demi-arpent, est ce qu'un journalier, qui travaille à la *mare* ou *àissado*, peut labourer en un jour. Le demi-arpent équivaut à environ 17 ares.

Déjà en l'année 1535, à laquelle nous sommes parvenu, le siége d'Uzès est occupé par un évêque qui, onze ans plus tard, doit donner à son diocèse le scandale de son apostasie, Jean de Saint-Gelais, digne membre de cette famille de poètes courtisans auxquels François Ier prodigue les bénéfices et les dignités ecclésiastiques.

La commende, cette triste conséquence du concordat de François Ier et de Léon X, commence à porter ses fruits, et la Réforme n'est pas loin. La commende, en effet, telle qu'elle est désormais constituée, ne laisse plus à l'abbé ou prieur que la puissance *économique*, c'est-à-dire administrative; tandis que les abbés *réguliers* cumulaient la puissance *économique* avec l'autorité de l'*ordre* et de la *juridiction*.

« Les abbés commendataires, dit un savant jurisconsulte (1), semblent n'avoir eu d'autre mission que d'être le signe sensible de la décadence des institutions monastiques... En détruisant le droit d'élection dans les diverses catégories des ordres religieux, et en donnant au roi le droit de nommer au plus grand nombre des abbayes, la commende ouvrit la porte à cet abus de nommer, pour gouverner les ordres religieux, des favoris les plus étrangers, par leur état, leurs mœurs et même leurs croyances, à l'état, aux mœurs et aux croyances des institutions religieuses ».

En 1560, le monastère de Saint-Nicolas fut dévasté et en partie démoli, la voûte de la chapelle effondrée, la sépulture des anciens seigneurs d'Uzès profanée. Le couvent demeura désert, pendant cinquante ans.

(1) M. Eug. Bimbenet, *Justice de Saint-Samson*, dans les *Mémoires de la Société archéologique de l'Orléanais*, t. VI, p. 257.

III

Le prieuré de Saint-Nicolas au XVIIᵉ et au XVIIIᵉ siècles.

Ce n'est que dans les premières années du XVIIᵉ siècle, sous le règne de Henri IV, que les chanoines réguliers de S. Augustin purent reprendre possession de leur prieuré. Ils s'occupèrent avec ardeur d'en relever les ruines; mais le succès d'une telle entreprise était-il possible, sous un régime comme celui de la commende, qui, en instituant, dans le sein même de l'église, une lutte d'intérêts entre l'élément séculier et l'élément régulier, en mettant aux mains de séculiers parfois à peine engagés dans les ordres, ou même entre les mains de simples laïcs, les plus riches bénéfices, acheva de ruiner les forces vives de l'état monastique. Nous allons avoir, dans ce qui nous reste à dire de l'histoire de notre prieuré, à constater plus que jamais les tristes effets de cet abus, que nous avons vu apparaître dès la fin du XVᵉ siècle.

1. En 1610, la commende du prieuré de Saint-Nicolas fut donnée par le roi à messire RENÉ DE GIRARD, troisième fils de René de Girard, contrôleur général des guerres (1). Né en 1573, il avait alors 37 ans; et

(1) Les armoiries de cette famille, et par conséquent celles du prieur René de Girard, étaient : *D'argent, à la fasce de gueule chargée d'un léopard couronné d'or et une quintefeuille de sinople en pointe, écartelé émanché d'or et de gueule, sur le tout losangé d'argent et de gueule.*

Outre les armoiries de ses prieurs, qui leur étaient personnel-

n'était pas encore promu au sacerdoce, comme l'attestent ses bulles, qui lui imposent la condition de se faire prêtre dans l'année, sous peine de se voir déchu. René de Girard satisfit à cette condition et fut ordonné dans le courant de l'année 1611. Selon toute apparence, il ne devait point son bénéfice à son mérite, mais uniquement à la protection de son frère Jean-Baptiste, trésorier de France à Rouen en 1612, à Montpellier en 1615, et conseiller d'état en 1623. Alors déjà, comme aujourd'hui, l'appui des gros financiers menait aux grasses sinécures. Jusqu'en 1645, année de sa mort, René de Girard jouit des revenus du prieuré ; et, loin de songer à en consacrer (comme il aurait dû faire) la plus grande partie à réparer son monastère, alors dans un complet état de dégradation, il donnait à peine au prieur claustral et à ses quatre religieux de quoi s'abriter dans les masures demeurées debout. L'état de la chapelle, dont la voûte avait été effondrée en 1560, ne permettait pas qu'on y célébrât les offices. Il y a plus : nous savons, par un acte authentique (¹), qu'en l'année 1644, le prieur commendataire René de Girard, à l'insu de son chapitre (²) qu'il aurait dû consulter, inféoda à Jacques de Vergèzes, seigneur d'Aubussargues, pour une salmée d'orge, tous les fiefs et rede-

---

les, la communauté du monastère de Saint-Nicolas, comme toutes les communautés religieuses ou civiles, avait aussi les siennes. Voici sous quelle forme elles furent enregistrées, en 1696 : — *D'azur, à un S. Nicolas crossé et mitré, d'or, portant une aumônière à trois bourses, de même, sur un pont à trois arches, aussi d'or, maçonné de sable, et, en pointe, une rivière d'argent.*

(1) Voir aux *Pièces justificatives*, n° xv.

(2) Le chapitre se composait alors du prieur claustral et de ses quatre religieux.

vances que le prieuré Saint-Nicolas possédait au territoire d'Aubussargues (¹), et qui, jusqu'au XVIᵉ siècle, avaient rapporté « six salmées d'orge et quelques gélines ».

Pendant que le prieur René de Girard vivait doucement à Montpellier, dans la famille de Rignac, auprès de sa mère, la guerre civile ravageait le Bas-Languedoc. Le pauvre couvent était menacé de toutes parts. Le 3 décembre 1625, les bourgeois de Nimes, (c'est-à-dire le *Bureau de direction*, qui administrait, en leur nom, les affaires de la ville et de la religion), informés que les troupes royales songeaient à se poster dans la tour de Saint-Nicolas, pour empêcher la communication entre Uzès et Nimes, délibèrent (²) d'écrire aux consuls d'Uzès, afin que ceux-ci se concertent avec le duc de Rohan sur la nécessité de démolir la tour et l'église de Saint-Nicolas. Si cette démolition est jugée nécessaire, ils demandent que « cela se fasse promptement »; et, pour y aider, ils offrent de supporter une partie des frais de la démolition (³). Il faut avouer que ces bourgeois n'y vont pas de main morte, quand ils croient leur indépendance menacée. Heureusement le duc de Rohan, qui voyait de plus haut et plus loin que le conseil politique nimois, jugea à propos de laisser debout la tour et le couvent. Il prévoyait sans doute qu'un jour il pourrait s'en servir utilement.

En effet, en novembre 1628, alors que les religieux,

---

(1) *Aubussargues*, commune du canton de Saint-Chapte, était, avant 1790, de la viguerie et du doyenné d'Uzès.

(2) Voir aux *Pièces justificatives*, nᵒ XIII.

(3) Cfr Ménard, t. v, p. 528.

effrayés des projets qu'on avait sur leur monastère, s'étaient dispersés, le frère-lai à la garde duquel le couvent avait été laissé, vit arriver un gros de cavaliers religionnaires envoyés par le duc de Rohan pour s'assurer du pont. Ils s'installèrent dans la tour qui le domine. Ecoutons Rohan raconter lui-même dans quelles circonstances et dans quel but il crut devoir prendre cette précaution. « Il va assiéger Monts ([1]), n'ayant que deux mille hommes au plus; il fut cinq jours devant, parce que les pluies continuelles empêchèrent le plus gros canon d'Anduze, trois jours entiers, d'y arriver. Mais si, d'un côté, le mauvais temps lui nuisait, de l'autre il le favorisa, en ce que, ayant fait grossir les deux Gardons, quatre ou cinq régiments, qui n'étaient par le droit chemin qu'à une journée de lui, ne pouvant plus passer lesdites rivières que sur un pont, il leur fallait faire quatre ou cinq journées; et, afin d'allonger encore plus leur chemin, il fit enfoncer tous les bacs et bateaux, et garder le pont de Saint-Nicolas ([2]) ».

La guerre civile n'était pas le seul fléau qui, sous le priorat de René de Girard, dût troubler la sécurité des religieux de Saint-Nicolas. Au mois d'avril 1640, le bruit se répandit que la peste s'était déclarée dans le pays. Une délibération du conseil de ville de Nîmes ([3]), du 6 avril 1640, cite, parmi les lieux du diocèse d'Uzès qui en furent atteints, Orsan, Roque-

---

(1) *Mons*, aujourd'hui commune de l'arrondissement d'Alais, alors paroisse du diocèse d'Uzès.

(2) *Mémoires du duc de Rohan*, t. 1, p. 382, édit. Petitot.

(3) Voir aux *Pièces justificatives*, nº XIV; — et Ménard, t. VI, p. 34.

maure et *la Bégude-Saint-Nicolas*, située, sur la route
d'Uzès, à quelques minutes du monastère. Nous ignorons si le fléau respecta l'asyle des chanoines réguliers
ou s'ils lui payèrent tribut.

René de Girard mourut en 1645.

2. Tout ce que nous savons de l'origine de messire
ELZÉAR CHASLES, qui succéda à René de Girard,
c'est que c'était un clerc du diocèse de Chartres ; comme
son prédécesseur, il n'était pas encore prêtre, lorsqu'il
fut pourvu de ce bénéfice ; il prit les ordres dans l'année qui suivit la fulmination de ses bulles. Elzéar
Chasles jouit de ce bénéfice pendant près de 30 ans,
puisqu'il ne mourut qu'en 1674. Nous n'avons à relever à sa charge aucune inféodation abusive, aucune
aliénation illicite. Nous devons même dire, à son
éloge, que, sur les instances des chanoines réguliers
et particulièrement du P. Jacques de Cambronne, élu
prieur claustral en 1665, il consacra une partie des
revenus de son prieuré à relever les églises de Colorgues et de Bourdic, dont les chanoines de Saint-Nicolas
étaient prieurs. En somme, messire Elzéar Chasles,
prieur et seigneur de Saint-Nicolas (tel est le titre que
prenaient les prieurs commendataires), paraît avoir
été un bon prêtre et un honnête homme ; et nous
aimons à croire qu'il ne fut pour rien dans la nomination de

3. Messire PAUL DE LA PARRE ([1]), clerc comme lui

_____

(1) Les armoiries du prieur commendataire Paul de La Parre
sont ainsi blasonnées dans l'Armorial de 1696 : *D'azur, à trois
moineaux d'argent, deux et un.*

du diocèse de Chartres. Avant d'être pourvu du bénéfice de Saint-Nicolas, en 1674, Paul de La Parre,
alors âgé de 38 ans, avait fait, comme on dit, plus
d'un métier (¹). Depuis sept ans, il suivait la carrière
des armes, pour laquelle il était mieux fait que pour
les saintes et paisibles fonctions de prieur. Comment
une dignité ecclésiastique a-t-elle pu être obtenue,
ou plutôt surprise, puis gardée pendant vingt-sept
ans, par un homme qui n'y avait aucun titre, qui ne
fut jamais prêtre, et dont la conduite devait attirer
l'attention de l'évêque d'Uzès d'abord, dans le diocèse
duquel était situé le prieuré et qui lui avait délivré
son *forma-dignum*, et aussi celle de l'évêque de
Montpellier, dont il était le diocésain, puisqu'il passait une partie de l'année dans cette ville ? C'est là un
mystère que nous ne nous chargeons pas d'éclaircir.
Nous renvoyons aux *Pièces justificatives* (²) les preuves
de l'indigne conduite de ce personnage, et nous nous
contenterons de noter ici ceux des actes de son administration qui intéressent le prieuré de Saint-Nicolas.

Mais nous devons auparavant dire un mot du prieur
claustral *Jacques de Cambronne*, qui, après avoir,
durant 34 ans, défendu son couvent contre le brigan-
dage du prieur commendataire, mourut à la peine, et
dont l'épitaphe remaniée a été pour nous l'occasion
de cette excursion dans l'histoire du monastère de
Saint-Nicolas. Jacques de Cambronne, né en 1621,
entra tout jeune au couvent de Saint-Nicolas, où il
fut reçu profès en 1642, à l'âge de 21 ans. Dévoré du
zèle de la maison de Dieu, doué d'une énergie et d'une

(1) Voir, aux *Pièces justificatives*, nᵒˢ xvi et xvii.
(2) Nᵒˢ xvi et xvii.

persistance infatigable, ce fut lui qui, en dépit de tous les obstacles, essaya de relever les ruines morales et matérielles au sein desquelles s'écoula sa longue vie et dont le spectacle navra si souvent son âme sacerdotale.

Le P. de Cambronne était déjà prieur claustral depuis quelques années lorsque, vers la fin de septembre 1674, il vit arriver, par la route de Nîmes, à Saint-Nicolas, messire Paul de La Parre, qui, sans montrer ni brevet du roi ni bulle du Pape (il n'avait encore ni l'un ni l'autre, mais seulement la promesse d'un puissant protecteur), s'installa dans le couvent, en prit possession provisoire, en toucha les revenus, et parla d'en faire couper et vendre les bois. Les bulles n'arrivèrent que dans les premiers jours de décembre, et le nouveau commendataire, sans s'être fait installer, dans les formes voulues, par le vicaire général de l'évêque d'Uzès, repartit pour Montpellier. Par une irrégularité inexplicable, le brevet du roi, sur le vu duquel la bulle a dû être expédiée, porte seulement la date du 6 juin 1675, c'est-à-dire une date postérieure à celle de la bulle. La prise de possession n'eut lieu que le 13 février 1677. Serait-ce que Michel Phélipeaux de la Vrillère aurait fait des difficultés pour le *forma-dignum*? Mais Michel Phélipeaux ne fit que passer sur le siége d'Uzès ; d'ailleurs, il résida peu. Dès 1677, son successeur, Michel Poncet de la Rivière était nommé à l'évêché d'Uzès. Ce prélat appartenait à une famille de magistrats gallicans, qui a donné à l'église de France plusieurs ecclésiastiques distingués par leurs talents oratoires, dont deux évêques, Michel, évêque d'Uzès, et Matthias, successivement évêque de Troyes, d'Aire et aumônier du duc de Lorraine Stanislas.

Michel ne prit possession de son siége que le 30 avril 1378; mais il avait été précédé par un grand-vicaire. Ce fut sans doute ce grand-vicaire qui délivra à La Parre son *forma-dignum*.

Poncet de la Rivière, qui tenait du sang et de l'éducation la haine des corporations religieuses, arrivait à Uzès avec le projet bien arrêté de poursuivre, par tous les moyens, la sécularisation du chapitre de sa cathédrale. Depuis 1634, ce chapitre avait embrassé la réforme des chanoines réguliers de la congrégation de France dite de *Sainte-Geneviève*, à laquelle appartenaient déjà les chanoines réguliers de Saint-Nicolas.

Il en était résulté, entre notre monastère et le chapitre cathédral, des relations fréquentes et intimes, utiles à tous deux. Les chanoines d'Uzès qui éprouvaient le besoin d'une vie plus retirée, venaient chercher, sur les bords du Gardon, avec le recueillement et la solitude, l'oubli des intrigues et des compétitions qui troublaient trop souvent l'harmonie du chapitre de Saint-Théodorit. De ce nombre fut le P. Antoine Gourdon, dont l'épitaphe vient d'être retrouvée [1]. Sur les quarante-six années de profession attestées par l'inscription, il en avait passé près de trente comme membre du chapitre d'Uzès. De ce nombre est encore le P. Louis de Loynes, dont nous n'avons pas l'épitaphe, mais dont nous retrouvons le nom dans un acte de 1685 [2]. Avant d'appartenir au monastère de Saint-Nicolas, il avait été chanoine de la cathédrale d'Uzès et prieur de Saint Privat-des-Vieux [3].

---

(1) Voir ci-dessus, p. 139.
(2) Voir aux *Pièces justificatives*, n° xx, 2.
(3) C'est en cette qualité qu'il signe, — en 1676, l'acte de prise

Quand la bulle de 1678, accordée aux obsessions de l'évêque d'Uzès, eut sécularisé le chapitre de Saint-Théodorit, le monastère de Saint-Nicolas se trouva livré, sans défense et sans appui, à la merci de ses prieurs commendataires. Ces circonstances expliquent seules comment La Parre put parvenir à obtenir son *forma-dignum* et à se faire installer canoniquement, alors qu'il était déjà dans le cas d'incapacité. En effet, en 1677, il jouissait, depuis deux ans, des fruits de son bénéfice, et il n'avait point encore obéi à la clause irritante de ses bulles : il n'avait pas pris les ordres sacrés. Grâces à Dieu, il ne les prit jamais.

Nous allons le voir bientôt commencer son œuvre de destruction. Pour mieux réussir, il commença par cacher son jeu. Il avait remarqué que le prieur claustral, Jacques de Cambronne, n'avait rien tant à cœur que de réparer, de manière à y pouvoir faire décemment les offices, non seulement l'église de Saint-Nicolas, mais encore celles des trois prieurés-curés unis à la mensé du monastère. De ces trois prieurés, deux seulement nous sont connus d'une manière certaine : 1° *Saint-André-de-Colorgues* ([1]); 2° *Saint-Jean-de-Bourdic* ([2]). Nous pensons que le troisième était *Notre-Dame-de-Blauzac*; mais nous n'en avons aucune preuve. Aussi, vers la fin de l'année 1676, lui promettait-il des fonds pour les travaux les plus urgents. En consé-

de possession de l'évêque Michel Phélipeaux de la Vrillère (Voir les notes d'Hector Garidel, notaire d'Uzès, Arch. dép. du Gard, E, 45, suppl., f° 242, r°; — et, le 30 avril 1678, l'acte de prise de possession de son successeur, Michel Poncet de la Rivière (Ibid., f° 370 v°).

(1) Voir ci-dessus, p. 170; et, aux *Pièces justificatives*, n° III, note 8.

(2) Voir ci-dessus, p. 152; et, aux *Pièces justificatives*, n° VII.

quence, le 12 août 1676, par contrat passé devant
Me Brueys, notaire de Saint-Chapte, le P. de Cambronne confiait ces travaux à un maître maçon de Blauzac, qui s'en chargeait moyennant la somme de 1,100
livres (¹). Le prieur claustral appréciait peu (comme
tous ses contemporains, du reste) la simplicité de l'ar-
chitecture romane du XIIᵉ siècle, et trouvait l'abside
de la chapelle trop basse en comparaison de la voûte ;
aussi, le 23 octobre suivant, par un nouveau contrat
de *prix-fait* (²), fut-il convenu que le même entrepre-
neur, pour la somme de 165 livres, « rehausserait le
cul-de-four de l'église de Saint-Nicolas au niveau de
la grande voûte, comme celui de Colorgues (³), et fe-
rait deux fenêtres aux deux côtés du chœur, de la hauteur et largeur convenables ». On peut voir encore
aujourd'hui le résultat de ces travaux; ils ne sont pas
en harmonie avec l'ensemble du monument; mais on
ne peut nier qu'ils n'aient été exécutés avec une certaine grandeur.

En 1681, l'évêque Poncet de La Rivière vint faire
sa visite pastorale dans le mandement de Sainte-Anastasie. Depuis plus d'un siècle, la chapelle de Saint-
Saturnin, l'église de Russan et celle de Vic n'étaient
plus que des ruines. Il voulut les relever, et, dans ce
but, fit appel au prieur de Saint-Nicolas, le plus fort
décimateur de ce mandement après l'évêque, qui en
était prieur-seigneur. La Parre, déjà accablé de dettes,
fruit de sa vie de désordre, mit assez de mauvaise
grâce à répondre à l'appel de son évêque. Cependant

(1) Voir aux *Pièces justificatives*, n° XVIII, 2.
(2) Voir aux *Pièces justificatives*, n° XVIII, 1.
(3) Voir aux *Pièces justificatives*, n° XVIII, 1.

il se souvint prudemment de sa position extra-canonique ; et, quatre jours après la visite pastorale, c'est-à-dire le 27 mars 1681 , il était à Uzès et passait avec l'évêque une transaction en vertu de laquelle il s'engageait : 1o à donner 200 livres une fois payées, pour sa part des frais de reconstruction des deux églises de Vic et de Russan ; 2o à payer annuellement une somme de 100 livres, pour l'entretien d'un troisième prêtre dans le mandement (1).

A partir de ce moment, La Parre crut s'être acquitté de tous ses devoirs et il ne garda plus aucune retenue. Sans le consentement et à l'insu de son chapitre, [il aliénait, pour des redevances illusoires, les droits seigneuriaux et les plus beaux biens du prieuré (2). Le 6 octobre 1682, il exigea que le P. de Cambronne lui remît les pièces les plus importantes des archives du monastère qui avaient pu être sauvées au XVIe siècle. Le prieur claustral eut soin de ne s'en dessaisir que contre un récépissé en bonne forme (3). Le scandaleux commendataire avait besoin de réaliser des fonds pour soutenir la vie de dissipation qu'il menait, l'hiver, à Montpellier, sous les yeux de sa mère remariée à un chirurgien rouergat du nom de Joly, et, pendant la saison d'été, — tantôt dans l'enceinte même du prieuré, dans une petite maison qu'il s'était fait construire au pied du mamelon, loin des religieux, afin d'être plus libre, — tantôt à Blauzac , avec les sieurs

(1) Voir aux *Pièces justificatives*, no XIX.

(2) Voir, aux *Pièces justificatives* , no XX, les preuves de ces aliénations.

(3) Voir aux *Pièces justificatives*, no XVII, la liste des titres importants gardés ou détruits par La Parre.

d'Arbaud (¹), de Montgros (²), Baudan-Bellevue (³), etc., tous gentilshommes *nouveaux convertis*, comme on disait alors, mais qui l'étaient peu à une vie digne et chrétienne (⁴) ; — ou bien à Sanilhac, avec le sieur Fraissines, son procureur, son *fac-totum*. Ce Fraissines mériterait bien ici quelques lignes ; car c'est un type. Fils d'un simple ménager de Sanilhac, il avait quelque peu étudié le droit, ou du moins il avait patrociné chez un procureur d'Uzès. Grâce à la protection de Mme Marie-Françoise de Raymond de Brignon, dame de Brignon, Nozières et Sanilhac, devenue en 1673 comtesse de Lussan, dont il gérait les affaires (⁵), il

---

(1) Philippe d'Arbaud, seigneur de Blauzac et de Malaigue, était né le 9 mai 1663. — Voir aux *Pièces justificatives*, n° XXI, ce que nous avons pu recueillir sur la généalogie de cette famille, qui n'a point trouvé place dans l'*Armorial de la noblesse de Languedoc, généralité de Montpellier*, par M. Louis de La Roque. Paris, 1860, 2 vol. in-8°.

(2) Pierre de Banne, seigneur de Montgros et de Liquemaille (et non *Lignemaille*, comme écrit M. L. de La Roque, *Armorial de Languedoc*, t. I, p. 48, et t. II, p. 417). — Voir sa généologie aux *Pièces justificatives*, n° XXII.

(3) Jacques de Baudan, seigneur de *Cabanes* (métairie et bois, territoire de la commune de Nimes), était fils de Maurice de Baudan, seigneur de *Saint-Denis*, en *Vaunage*. Il avait épousé, le 19 octobre 1662, Gabrielle de Bouzanquet. — Les Baudan portaient : *Palé d'argent et de sable, écartelé d'azur à un cerf rampant d'argent, sommé de six cornichons d'or, au chef cousu de gueule à un croissant d'argent.*

(4) Le maréchal de Villars, dans ses *Mémoires*, dit, en parlant des *Nouveaux-Convertis* de 1704 : « Sur *mille* il n'y en avait peut-être pas *deux* qui le fussent réellement ».

(5) Louis Fraissines, lieutenant de juge de Sanilhac, fils de Jacques Fraissines, ménager, portait : *D'argent, à un frêne de sinople, entre deux rochers de sable, et un chef d'azur chargé de trois étoiles d'or.* (Msc. d'Aubais, p. 81, Bibl. de Nimes, n° 13,810).

fut nommé lieutenant de juge dans son village. Il prit des armoiries en 1696, à une époque où l'on en donnait à tout le monde, moyennant 25 livres. Il appartenait, en un mot, à cette classe assez nombreuse alors, qu'un poète a justement caractérisée dans ces deux vers :

Espèce de robins, de petits avocats,
Qui se sont fait des sols en rognant des ducats.

Instigateur des malversations du prieur de La Parre, compagnon de toutes ses parties de plaisir, c'était lui qui tenait ses écritures, engageait ses procès et l'aidait de toute manière à manger les rentes de son prieuré et même à en entamer un peu le fonds. Il s'enrichit à ce métier et parvint à faire entrer sa fille Marie-Anne dans une des meilleures maisons du pays, les de Banne de Montgros ([1]).

En l'année 1683, le P. de Cambronne, témoin de ces désordres, qui ne pouvaient aboutir qu'à la ruine prochaine de son monastère, songea à prendre des mesures pour s'y opposer. Il demanda que les papiers distraits des archives de la communauté lui fussent remis et il finit par obtenir la réintégration de quelques titres; mais La Parre prétendit avoir encore

(1) Voir la note 2 de la page précédente. — Si Louis Fraissines avait vécu jusqu'en 1767, il aurait pu voir son petit-fils Pierre de Banne, seigneur de Montgros et de Liquemaille, devenir marquis d'Avejan et baron des états de Languedoc, par l'extinction de la branche aînée de la famille de Banne. Mais ces prospérités devaient être cruellement expiées, en 1790, par son arrière petit-fils, Jean de Banne, capitaine de chevau-légers. — Voir, aux *Pièces justificatives*, n° XXIII, le récit de ce drame affreux.

besoin du reste. En étudiant les papiers qu'il avait recouvrés, le prieur claustral découvrit plusieurs aliénations indûment faites ; et entre autres celle d'une terre assez considérable, sur la paroisse de Sanilhac, appelée *Mont-Saint-Jean*, que La Parre avait inféodée, quelques années auparavant, à messire Jean d'Audibert, comte de Lussan, par contrat reçu par Me Barre, notaire de Brignon, moyennant un droit d'entrée de 220 livres et une cense insignifiante. C'était Fraissines qui, pour procurer ces 220 livres au prieur de La Parre, toujours à court d'argent, avait ménagé cette affaire. La comtesse de Lussan, héritière de la seigneurie de Sanilhac, comme fille unique de Henri de Raymond de Brignon ([1]), avait saisi avec empressement cette occasion d'arrondir son domaine en y incorporant un beau bien d'église.

Le P. de Cambronne s'adressa directement au comte de Lussan, lui remontra que l'acquisition faite par la comtesse, sa femme, était illégale, le sieur La Parre n'ayant pas qualité pour faire cette aliénation ([2]). Le comte de Lussan se rendit à ses raisons et promit de résilier le contrat, à condition qu'il serait remboursé des 220 livres de droits d'entrée qu'il avait payées. Au mois de mai 1686, Mme de Lussan écrivit de Bagnols, où elle se trouvait, au lieutenant de juge de Sanilhac ([3]) de terminer au plus tôt cette affaire. Mais le prieur de La Parre n'avait pas les 220 livres à sa disposition. Le P. de Cambronne les prit sur les fonds

(1) Voir aux *Pièces justificatives*, n° **XX**, 2, note 1.
(2) La Parre avait depuis longtemps encouru le cas d'incapacité, puisqu'il n'avait pas satisfait à la clause de ses bulles qui lui imposait l'obligation de se faire prêtre dans l'année de sa nomination.
(3) Voir aux *Pièces justificatives*, n° **XXIV**.

affectés à l'entretien des chanoines de Saint-Nicolas, dont il était le syndic et au nom desquels il agissait. Le comte de Lussan fut remboursé le 11 juin 1686 (¹); et, par une déclaration en date du 31 juillet de la même année (²), le prieur La Parre consentit à ce que le P. de Cambronne fût subrogé aux droits du comte de Lussan sur la terre de *Mont-Saint-Jean*; et c'est ainsi que le monastère rentra en possession de ce fief.

Les autres acquéreurs des biens fonds ou des droits seigneuriaux, indûment aliénés par la Parre, ne se montrèrent pas aussi raisonnables et aussi consciencieux que le comte de Lussan. Après bien des tentatives inutiles, le P. de Cambronne se décida, en 1687, à déférer aux tribunaux compétents les actes de mauvaise administration de l'infidèle commendataire. Mais ces sortes de procès durent éternellement.

Après dix ans de lutte, le P. de Cambronne mourut, laissant au P. *Baudry*, qui lui succéda, le soin de continuer son œuvre et de sauvegarder les intérêts du prieuré. Le P. Baudry se mit au travail; mais il s'aperçut bientôt qu'il ne pourrait soutenir avantageusement les procès entamés sans certains papiers terriers que La Parre s'était fait remettre en 1682. Il vint, le 6 juin 1698, trouver le prieur commendataire dans sa petite « maison de bouteille » (c'était le nom que les paysans du voisinage lui avaient donné). Muni du billet de chargement que le P. de Cambronne avait fait signer à La Parre, il lui réclama humblement la liève de l'an 1330, signée Montaniti, notaire. En présence du sieur Fraissines, attablé avec lui, La Parre arracha le billet des mains du P. Baudry, qui le lui lisait, et le déchira en mille morceaux.

Mais tant de désordres et de scandales ne suffisaient pas encore pour appeler l'attention de l'autorité royale. Le système de la commende, dont elle a si déplorablement abusé, prouve assez qu'elle s'inquiétait peu de maintenir la fécondité et la puissance des ordres religieux. Il fallut que des raisons d'intérêt politique vinssent attirer l'attention de la cour sur le prieur commendataire de Saint-Nicolas.

Quand on suit avec attention, dans les diverses relations qui en ont été faites, les nombreux incidents de la guerre des Camisards, on peut remarquer que, pendant la première année, de juillet 1702 à juillet 1703, bien que leurs bandes aient eu fort souvent à traverser le Gardon, jamais elles n'ont passé cette rivière au pont de Saint-Nicolas ni au bac de Sainte-Anastasie. C'était toujours à Brignon, à Moussac ou à Dions (1). Le mandement de Sainte-Anastasie, habité presque uniquement par des catholiques, fut, pendant toute cette première année, à l'abri de leurs incursions. Cette espèce d'immunité, accordée par les Camisards à un canton dans le territoire duquel se trouvaient deux points stratégiques très-importants, le château de Sainte-Anastasie et le pont de Saint-Nicolas, ce dernier surtout, fut sans doute remarquée. Des informations furent prises ; et, bien que le prieur La Parre se tînt prudemment à Montpellier, on ne tarda pas à découvrir ses relations antérieures avec les sei-

_____

(1) Voir aux *Pièces justificatives*, n° XXVII, les extraits de la *Relation historique* (inédite) de Ch.-Joseph de La Baume.

gneurs religionnaires des environs de Saint-Nicolas.
A la fin de juillet 1703, il recevait du P. de Lachaise,
chargé de la feuille des bénéfices, la lettre suivante :
— « Monsieur, — Le Roy a été informé de la conduite que vous avez tenue dans le prioré de Saint-Nicolas, et de ce qu'estant obligé, par les bulles que
vous en avez obtenues, de vous faire prebstre, vous
avez entièrement négligé de prendre le sacerdoce.
C'est ce qui a engagé Sa Majesté à y nommer M. l'abbé
du (¹) Rozel, prebstre. Je voudrois avoir de plus agréables nouvelles à vous mander, estant votre très humble serviteur. — DE LACHAISE, Jés. ».

(1) *Sic*; le véritable nom est DE *Rozel*. — La famille *de Rozel*,
qu'on trouve établie dès le XIV⁰ siècle et vivant noblement dans
l'arrondissement de Cambrai, donna des échevins à cette ville.
Un de ses membres, nommé Guy, devenu gouverneur d'Aiguesmortes vers la fin du XV⁰ siècle, s'y maria, et devint la souche de
plusieurs branches connues, dans l'histoire du Bas-Languedoc,
sous les dénominations suivantes, empruntées à de petits fiefs
qu'elles avaient acquis dans le pays : *Rozel de Servas, Rozel de la
Clote, Rozel de Valescure, Rozel de Lhom, Rozel de Saint-Sé-
bastien.* — L'abbé *Jean-Joseph* de Rozel était fils de Jacques de
Rozel, seigneur de Valescure, conseiller au présidial de Nîmes.
En lui s'éteignit la branche des Rozel-Valescure, qui n'était plus
représentée, en 1723, que par une fille, *Louise-Eugénie de Rozel*,
religieuse au monastère de la visitation de Sainte-Marie de Nîmes,
à laquelle son frère, l'abbé *Jean-Joseph*, légua une rente annuelle et viagère de 120 livres. — Le fief de Valescure, possédé
depuis 1579 par la famille de Rozel, devint, en vertu du testament
de l'abbé *Jean-Joseph*, en date du 7 juin 1723, la propriété des
pauvres de l'Hôtel-Dieu de Nîmes. Le 15 novembre 1727, le bureau
de l'Hôtel-Dieu le vendit aux enchères, en vertu d'une délibération
du 26 août 1726; et ce fut M. Mⁱᵉ *François de Cray*, docteur et
avocat de la ville de Nîmes, qui acquit « led. fief, métairie et
devois, avec la moyenne et basse justice et autres droits seigneuriaux, moyennant la somme de cinq cens livres, et la censive
annuelle de cinq salmées bled et cinq salmées seigle, due sur led.

A partir de ce moment, les Camisards étendent leurs ravages dans tout le mandement de Sainte-Anastasie. En septembre 1703, ils mettent à feu et à sang les villages de Vic et de Campagnac ([1]), et brûlent la métairie de Gournier, qui appartenait à l'évêque d'Uzès.

4. Un mois après l'envoi du laconique billet par lequel le P. de Lachaise notifiait à La Parre sa révocation, le roi nommait à la commende de Saint-Nicolas l'abbé DE ROZEL (Jean-Joseph), déjà précenteur de la cathédrale de Nimes et conseiller clerc au présidial; et, par une lettre datée de Versailles le 24 août 1703, il le présentait au Pape, en demandant pour lui les bulles et provisions nécessaires ([2]).

La Parre ne pouvait se laisser déposséder ainsi : il osa, malgré son incapacité canonique et son indignité notoire, intenter un procès, devant le parlement de Toulouse, à son successeur nommé. Les longueurs de ce procès lassèrent sans doute l'abbé de Rozel. Nous n'avons, du moins, rencontré aucun indice de nature à nous faire penser qu'il ait jamais pris possession du prieuré de Saint-Nicolas. Dans son testament, en date du 7 juin 1723, où il fait l'Hôtel-Dieu de Nimes son héritier universel ([3]), il ne prend d'autres titres que

fief à madame l'abbesse du monastère de *Saint-Sauveur* de la ville de Beaucaire; ensemble l'albergue d'une croix d'or de la valeur de trois pistoles, à chaque mutation d'abbesse... ». (Archiv. hospit. de Nimes, délib. du bureau.) — Les diverses branches de la famille de Rozel portaient pour armoiries : *De sinople, à trois chevrons d'argent.*

(1) Voir aux *Pièces justificatives*, nᵒ XXVII, les extraits de la *Relation historique* (inédite) de Charles-Joseph de La Baume.

(2) Voir aux *Pièces justificatives*, nᵒ XXVIII.

(3) Archives hospit. de Nimes.

ceux de « précenteur de la cathédrale » et de « conseiller-clerc du Roi au présidial de Nîmes ».

A partir de l'année 1703 jusqu'à la Révolution, tous les documents nous manquent.

———

Revenons à l'épitaphe du prieur claustral, Jacques de Cambronne. Nous connaissons maintenant les circonstances au milieu desquelles il a vécu, au milieu desquelles il est mort ; et nous pouvons, sans trop de témérité, essayer d'en tirer l'explication du remaniement de son épitaphe.

C'était sans doute le P. Baudry, son successeur, qui l'avait rédigée. Témoin des efforts persévérants et dévoués du P. de Cambronne pour relever de ses ruines, non seulement le prieuré de Saint-Nicolas, mais aussi les trois prieurés-curés qui y étaient unis (1), il avait cru pouvoir lui attribuer les titres de « prieur et restaurateur du monastère et des trois églises qui en dépendent ». Mais La Parre ne pouvait pas ne pas garder rancune à la mémoire du P. de Cambronne, ainsi qu'au P. Baudry, qui s'étaient, autant qu'ils l'avaient pu, opposés à ses déprédations. Il trouva là l'occasion d'une petite vengeance et la saisit. Il prétendit (non sans raison peut-être) que le P. de Cambronne n'était prieur que de Saint-Nicolas et non pas des trois prieurés unis à la mense conventuelle ; et,

———

(1) Ces trois prieurés-curés étaient : — 1º celui de *Saint-André-de-Colorgues* (voir *Ins. eccl. du diocèse d'Uzès*, fº X, vº, en tête du volume G, 29, suppl., des Arch. dép. du Gard) ; — 2º celui de *Saint-Jean-de-Bourdic* (voir ci-dessus p. 21 ; et, aux *Pièces justificatives*, nº VII) ; — 3º probablement celui de *Blauzac* (voir ci-dessus ; p. 43).

quant aux restaurations exécutées au monastère, de 1676 à 1678, c'était lui, La Parre, qui en avait fourni lesfonds ; on ne pouvait donc légitimement en faire honneur au P. de Cambronne.

IV.

Le Pont de Saint-Nicolas.

I. Commencé vers 1245, sous l'épiscopat de Pons de Becmil [1], qui mourut en 1250 [2], et sous le priorat de Pierre d'Arpaillargues, le pont de Saint-Nicolas était terminé avant 1260, c'est-à-dire plus de dix ans avant qu'on mît la main à celui du Saint-Esprit [3], dont la construction, il est vrai, offrait bien plus de difficultés, mais qui ne fut livré au public qu'en 1309. Le pont de Saint-Nicolas peut donc être regardé comme le coup d'essai, dans le diocèse d'Uzès, des monuments de ce genre élevés alors par les confréries des Frères-Pontifes.

A l'appui de la première date (1245), nous citerons ce fait, que la reconnaissance populaire voulut attacher le souvenir d'un si grand bienfait au nom de l'évêque

(1) Sur le territoire de la commune de *Salindres*, canton d'Alais, on voit encore aujourd'hui une tour du XIIe siècle attenant à une enceinte. Ce sont les restes du château de *Becmil*, manoir patrimonial de *l'évêque du Pont*.

(2) *Gall. Christ.*, t. VI.

(3) *Notice historique sur le Pont-Saint-Esprit (Gard)*, par Léon Alègre. — Bagnols, A. Broche, 1854; broch. in-8°, p. 7 et suivantes.

Pont St Nicolas (Commune de Ste Anastasie.)

Plan général du Pont et du Couvent.

Echelle de 0.m 001 p. mètre.

9

8

2

6

5

3

4

10

Légende.

1 Chapelle.
2 Ancien Réfectoire voûté.
3 Tour de défense.
4 Batiments claustraux.
5   id.
6 Cour et Terrasse.
7 Ferme.
8 Enclos du Couvent.
9 Restes de l'Hospitium.
10 Ancienne Route.

qui avait été l'un des promoteurs de l'entreprise ; et que, dans un acte de 1280, Pons de Becmil, mort alors depuis trente ans, est encore appelé « l'évêque du Pont », *episcopus Poncius de Ponte* [1].

Comme preuve que le pont Saint-Nicolas était terminé et livré à la circulation avant 1260, nous alléguerons une sentence [2] rendue, le 4 août 1261, à Uzès, par Guillaume de Saint-Laurent, juge de l'Uzège, sur les réclamations élevées par Guillaume d'Arpaillargues, l'un des seigneurs de Blauzac, en son nom et au nom de ses co-seigneurs, et par Bernard de Fontèze et Étienne Pagès, consuls de Blauzac, en leur nom et au nom de leur communauté. Cette sentence déclare les seigneurs et les habitants de Blauzac exempts de tout péage, sur le pont de Saint-Nicolas, pour les denrées provenant de leurs champs et de leurs vergers, pour leurs troupeaux et leurs provisions de bouche, mais non pour les objets dont ils feraient commerce.

II. Une pareille exemption ne pouvait avoir été accordée aux seigneurs et aux habitants de Blauzac qu'en échange de contributions considérables qu'ils avaient fournies pour aider à la construction du pont. La *confrérie du Saint-Esprit*, érigée à Blauzac et qui subsistait encore en 1531, avait, sans aucun doute, été fondée au XIIIe siècle [3], dans le même but que la confrérie qui, sous le même titre, eut pour mission, quelques années plus tard, de provoquer et de recueillir les aumônes destinées au magnifique pont de la petite ville de Saint-Saturnin, qui en a pris son nom

(1) *Gall. Christ.*, t. VI, col. 627.
(2) Voir aux *Pièces justificatives*, n° XXIX.
(3) Voir ci-dessus, p. 31, et aux *Pièces justificatives*, n° XI.

de *Pont-Saint-Esprit*. C'était ainsi qu'on procédait au moyen-âge, quand il s'agissait de bâtir une église, un pont, de dessécher un marais ou de tracer une route. L'Eglise alors avait recours à un moyen aussi simple que civilisateur : elle accordait dix jours d'indulgence, pour chaque corvée, à tous ceux *qui manum adjutricem porrexerint*, ou qui auraient contribué de leurs deniers entre les mains de Frères quêteurs organisés pour prêcher et conférer ces indulgences [1].

L'utile privilége dont jouissaient les seigneurs et la communauté de Blauzac leur fut bien des fois contesté, malgré la sentence formelle de Guillaume de Saint-Laurent ; et ils eurent si souvent à produire cette sentence, soit en justice, soit devant les officiers royaux, que, en l'année 1427, le parchemin sur lequel elle était libellée eut besoin d'être renouvelé. Ils s'adressèrent alors au juge des Conventions-Royaux de Nîmes, Jean de Trois-Eymines, pour en faire faire le *vidimus* qui nous a conservé cette pièce [2].

Nous n'avons trouvé aucune preuve écrite que le monastère de Saint-Nicolas ait contribué aux frais de la construction du pont ; mais il est plus que vraisemblable qu'il n'y resta pas étranger.

Pour appuyer cette vraisemblance, nous ferons remarquer :

1o Que le pont fait, pour ainsi dire, partie intégrante du monastère, dont la tour commande le passage ;

---

[1] Cet usage était déjà tombé en désuétude, à l'époque du concile de Trente. Depuis ce concile et le pontificat de S. Pie.V, il n'y a pas d'exemple d'une indulgence pour laquelle on doive payer quoi que ce soit.

[2] Voir aux *Pièces justificatives*, no XXIX.

2º Que, précisément à l'époque où le pont fut construit, Saint-Nicolas avait pour prieur Pierre d'Arpaillargues, le frère de ce Guillaume d'Arpaillargues, seigneur de Blauzac, que nous venons de voir se présenter devant le juge de l'Uzège pour faire constater, par une attestation légale et authentique, l'exemption de péage dont jouissait la communauté de Blauzac ;

3º Que le prieur de Saint-Nicolas était le protecteur ou le président de la confrérie du Saint-Esprit de Blauzac, et qu'il intervenait, par lui-même ou par son délégué, dans les actes relatifs aux propriétés de cette confrérie.

III. Au moyen-âge, les ponts destinés à relier entre elles deux parties d'une même ville séparées par le lit d'une rivière étaient comme une sorte de continuation des villes, presque toujours une série de boutiques, et, pour ainsi dire, des rues sur l'eau. Lorsque, au contraire, il n'y avait, à l'une de leurs extrémités, qu'une petite ville, ou seulement un village, une chapelle s'élevait au milieu ou au bout du pont, près d'une tour destinée à le défendre. A Saint-Nicolas, où l'église préexistait au pont, une chapelle au milieu eût fait double emploi. On se contenta de bâtir, au bout du pont, une tour qui le commande.

A l'exposition des Beaux-Arts qui a eu lieu à Nimes, cette année, à propos du Concours régional, on a pu voir (1), parmi les monuments reproduits en relief, une réduction en bois du pont de Saint-Nicolas, exécutée avec beaucoup de soin par M. Nerdeux, menuisier de Nimes, sous les ordres et sur les indications

(1) Nº 649 du *Livret* de l'Exposition des Beaux-Arts.

de l'habile ingénieur qui a présidé aux travaux de restauration (¹). C'est sur cette consciencieuse réduction qu'il faudrait étudier le pont de Saint-Nicolas pour en donner une description exacte et satisfaisante.

On y trouve reproduit, à l'échelle d'un centimètre par mètre, non seulement l'ensemble du pont, mais encore jusqu'aux moindres singularités ou irrégularités de construction de ce monument (²).

IV. Le péage du pont de Saint-Nicolas fut perçu au profit du roi jusqu'en 1295. A cette époque, Philippe-le-Bel le céda à Raymond Gaucelin, co-seigneur d'Uzès, avec celui du Pont-du-Gard et 23 villages ou métairies du diocèse d'Uzès, en échange de la moitié de la baronnie de Lunel (³). A partir de 1295, il appartint donc à Raymond Gaucelin, puis à ses héritiers. En 1321, le roi Charles-le-Bel voulut faire rentrer dans le domaine de la couronne les fiefs qui avaient été donnés, aliénés ou échangés par les rois ses prédécesseurs, et il fit faire une recherche générale de ces aliénations. Le péage de notre pont était du nombre; mais il ne paraît pas que cette mesure ait reçu son exécution, du moins quant aux fiefs aliénés par suite

(1) M. Thouvenot, ingénieur des Ponts-et-Chaussées, chargé du service hydraulique dans le Gard. — On peut voir encore cette réduction dans le cabinet de M. Thouvenot.

(2) La pierre employée par les constructeurs du XIIIᵉ siècle pour le pont de Saint-Nicolas fut tirée de la carrière voisine de Campagnac, qui avait déjà fourni, au siècle précédent, l'excellente pierre avec laquelle ont été bâtis la chapelle et le monastère. C'est une pierre extrêmement dure et difficile à tailler. C'est sans doute pour cette raison qu'on n'y a pas eu recours pour les réparations qui viennent d'avoir lieu. On les a faites en pierre des carrières de Castillon, dite *pierre du Pont-du-Gard*.

(3) Voir ci-dessus, page 14.

de l'échange de 1295 ; car, dans le *Liber Incheria-*
rum (1), où sont énumérés , parmi les revenus royaux,
les divers péages de la sénéchaussée appartenant à la
couronne en 1423-1424 , on ne trouve pas le péage
de Saint-Nicolas , non plus que celui de Vers ou du
Pont-du-Gard.

V. Quel était le revenu du péage du pont de Saint-
Nicolas , au moyen-âge ? Un document du commencement du XIVe siècle va nous permettre de nous
en faire une idée. Lors de la recherche générale des
aliénations ordonnée par Charles-le-Bel en 1321 , le
sénéchal nomma un commissaire chargé d'évaluer les
revenus des terres et redevances données par Philippe-le-Bel à Raymond Gaucelin , en échange de sa
moitié de la baronnie de Lunel. Ce commissaire commença sa procédure le 8 août 1321 , et se transporta
successivement dans les diverses localités dont la propriété ou les revenus avaient été cédés, en 1295, par
le roi. A ce moment, par suite de la mort de l'évêque
de Tusculum , postérieure de peu de temps au 18
mars 1321 , ces terres et redevances venaient de pas-

(1) *Liber Incheriarum reddituum regiorum senescaliæ Belli-*
cadri et Nemausi, unius anni incepti in festo beati Johannis Bap-
tistæ millesimo. cccc°. vicesimo tercio, finiendi simili festo, anno
revoluto. m°. cccc°. vicesimo quarto. Existente senescalo domino
Guillermo de Medulione , milite , et Johanne de Stampis, thesau-
rario seu receptore dictæ senescaliæ. Le *Livre des Enchères* (Arch.
mun. de Nimes, E, VI) contient l'énumération de tous les revenus
et de toutes les dépenses de l'administration royale dans la sénéchaussée de Beaucaire et de Nimes , pour l'année 1423-1424. Ce
titre de *Livre des Enchères* provient de ce que tous ces revenus
s'affermaient aux enchères.

ser entre les mains de Béranger, co-seigneur d'Uzès
et seigneur de Vèzenobre.

Le commissaire délégué par le sénéchal arriva,
dans la première quinzaine d'octobre, au monastère
de Saint-Nicolas. Il fit comparaître le péager Jean de
Deaux [1] ; et, en présence de Jean Raymond, damoiseau, commissaire du seigneur Béranger, et de Jean
Favant, prud'homme, du lieu de Vèzenobre, il lui demanda à quelle somme pouvait monter, chaque année, le revenu de son péage, d'abord à l'époque de
l'échange, c'est-à-dire en 1295, puis dans les deux
dernières années [2]. Jean de Deaux, après avoir juré,
sur les saints Evangiles de Dieu, de dire la vérité,
répondit que, quant à la valeur du péage en 1295, il
n'en savait rien, attendu qu'il n'en était chargé que
depuis douze ans ; qu'à partir de l'année 1309 seulement, il avait perçu ce péage pour le compte du seigneur Raymond Gaucelin ; puis au nom du seigneur
Cardinal évêque de Tusculum ; comme maintenant il
le percevait pour le seigneur Béranger ; enfin que,
dans les deux années qui venaient de finir à la S.
Michel dernière, le péage du pont avait rapporté environ vingt livres par an [3].

(1) Dans le massif de la première pile, du côté du couvent, à
dix mètres environ au dessus de l'étiage, on voyait encore, avant
les dernières réparations, une ouverture donnant accès dans une
crote ou réduit voûté. C'est là que se tenait le péager.

(2) Voir, pour l'interrogatoire du péager Jean de Deaux, Ménard, t. vii, p. 687, col 2; p. 689, col. 1 et 2 ; et p. 731, col. 2.

(3) L'interrogatoire du péager de Vers, dont le père avait été
péager à l'époque de l'échange, nous apprend que le passage du
Pont-du-Gard rapportait, en 1295, 25 livres par an ; que ce chiffre
était resté le même pendant assez longtemps ; mais que, depuis

Cette somme paraît minime, et l'on est d'abord
tenté de suspecter la sincérité des déclarations du
péager. Cependant tout dépend de la valeur relative.
Pour essayer de nous rendre compte du plus ou
moins d'importance de cette somme, nous pouvons
nous servir d'une base de calcul que nous emprun-
tons à M. Laferrière ([1]). D'après M. Laferrière, qui
s'appuie lui même sur les savantes recherches de M.
Leber ([2]), « la valeur intrinsèque de 100 sols au XIII⁰
siècle équivalait à peu près à 100 livres du XVI⁰ siècle. Ces 100 sols, seraient égaux aujourd'hui, en poids
d'argent, à 94 francs. Comme le pouvoir de l'argent
au XIII⁰ siècle est six fois plus fort que son pouvoir
actuel, il en résulte que 100 sols du XIII⁰ siècle repré-
senteraient aujourd'hui une somme de 564 francs ».
Si 100 sols, c'est-à-dire 5 livres, égalent 564 francs,
20 livres équivaudraient à 2,256 francs.

VI. Ce n'est guère qu'à partir de la seconde moitié
du XVI⁰ siècle, pendant les guerres religieuses et civiles qui ensanglantent cette triste époque, que le pont
de Saint-Nicolas tient, dans l'histoire locale, la place
que son importance stratégique semblait devoir lui
assigner. On comprend, en effet, que, dans ces luttes
sans cesse renaissantes, les partis contraires aient
cherché, à l'envi l'un de l'autre, à s'assurer les avan-
tages d'une pareille position.

une quinzaine d'années, il avait doublé, par suite du passage fréquent qu'occasionnait la coùr de Rome établie à Avignon, et que
même il venait d'être affermé, pour l'année 1322, par un juif con-
verti, au prix de 55 livres.
(1) *Mémoire sur le droit de la Provence au moyen-âge*, 1857.
(2) *Appréciation des valeurs au moyen-âge*, 2ᵉ édit., p. 212.

En 1583, les catholiques ligueurs s'étant saisis du château-fort de Sainte-Anastasie et de la tour du monastère de Saint-Nicolas, les religionnaires de Nimes résolurent d'envoyer des ouvriers pour élever deux tours, sur la rive droite du Gardon, à l'autre extrémité du pont (¹). Cette fortification resta sans doute en projet; car rien ne prouve que ces deux tours aient jamais existé. D'ailleurs, les ligueurs ne tinrent pas longtemps. Le capitaine Ferrières, qui s'était saisi par surprise (et aussi un peu par trahison) de la tour de Saint-Nicolas et du château de Sainte-Anastasie, assiégé, sur l'ordre de Montmorency, par le capitaine Bertichères, seigneur de Lèques (²), fut bientôt obligé d'évacuer cette dernière position, où il s'était définitivement retranché et où il se défendit quelque temps avec opiniâtreté.

(1) Ménard, t. v.

(2) Abdias de Chaumont, seigneur de Bertichères, avait épousé, en 1587, Magdeleine Dupleix, fille unique d'Antoine Dupleix, bien connu, dans l'histoire de nos guerres civiles et religieuses, sous le nom de *capitaine Grémian*. C'est Magdeleine Dupleix qui apporta à Bertichères les seigneuries de *Lèques* et de *Gailhan*, que son père avait achetées, en avril 1572, pour 3,500 livres, de Michel du Faur, seigneur de Saint-Jory, président à mortier au parlement de Toulouse. — Du mariage d'Abdias et de Magdeleine (morte après 1628), naquit Henri de Chaumont, seigneur de Lèques, mort en 1678, à l'âge de 84 ans, et dont le duc de Rohan parle si souvent avec éloges dans ses *Mémoires*. — Grémian-Lèques se démit, en 1592, du gouvernement d'Aiguesmortes en faveur de son gendre Abdias, et mourut en octobre 1599. (Cfr *Pièces fugitives pour servir à l'histoire de France*, t. ii, *Siège de Sommières*, p. 15, col. 2). — Le fils de Henri de Chaumont, François, baron de Lèques, seigneur de *Gailhan*; *Saint-Michel*, etc., lieutenant de MM. les maréchaux de France, fit enregistrer ses armoiries en 1696. Elles sont ainsi blasonnées: *D'argent, à cinq fasces de gueule*.

La tour de Saint-Nicolas tomba dès lors au pouvoir des religionnaires, qui n'y laissèrent point constamment de garnison, celle du château de Sainte-Anastasie suffisant à garder le pays. Mais, à la moindre alarme, ils la faisaient occuper par un poste tiré de cette garnison, à l'entretien et à la nourriture duquel les villes de Nimes et d'Uzès contribuaient par moitié, toutes les deux ayant un égal intérêt à maintenir libres leurs communications (¹).

A la fin de 1586, les ligueurs s'étant emparés du château de Colias, et Bertichères étant parti pour les y assiéger, ce maréchal de camp du duc de Montmorency demanda au Conseil de ville de Nimes de lui fournir des secours de diverse nature, outre l'argent et les vivres qui lui étaient nécessaires pendant ce siége, et de pourvoir à l'entretien et à la nourriture du poste laissé à la garde du pont de Saint-Nicolas (²).

Cette tour resta entre les mains des religionnaires jusqu'en 1610, époque à laquelle elle fut rendue, en même temps que le monastère, aux chanoines de S. Augustin.

---

(1) Arch. mun. de Nimes, *Délibérations du Conseil de ville*, L. 13, fº 35, et *Pièces justificatives*, nº xxx.

(2) Ménard, après avoir raconté (t. vi, p. 235-236) les préparatifs du siége de Colias et la part prise par le Conseil de ville dans les dépenses jugées nécessaires par Bertichères, ajoute : » On bâtit de plus, pour le même objet, un fort au pont de Saint-Nicolas, sur le Gardon », et il renvoie à la délibération du Conseil du 3 janvier 1587. Nous donnons, aux *Pièces justificatives*, nº xxx, le procès-verbal de cette délibération, et l'on verra qu'il ne s'agit nullement d'un fort bâti en 1586-87, au pont de Saint-Nicolas. Le fort dont il y est plusieurs fois question n'est autre chose que la tour du monastère, bâtie au XIIIᵉ siècle, en même temps que le pont et pour le protéger.

Mais la guerre civile n'était pas encore définitivement apaisée. Nous avons vu ([1]), en 1626, le Bureau de direction de Nimes appeler l'attention des consuls d'Uzès sur le danger qu'il y aurait à ce que les troupes royales vinssent à s'emparer de la tour et de l'église de Saint-Nicolas, et en provoquer la démolition. Nous avons vu, deux ans plus tard, le duc de Rohan occuper la tour et le pont, pour empêcher les troupes du roi de venir au secours du château de Mons assiégé par lui ([2]).

La paix de 1629 rendit enfin le calme au Bas-Languedoc et mit pour longtemps un terme aux souffrances et à la désolation du pays. Jusqu'aux premières années du siècle suivant, la tour de Saint-Nicolas ne fut plus occupée militairement.

En l'année 1682, le péager du pont de Saint-Nicolas vit passer, en carrosse de gala, de nobles voyageurs, auxquels certainement il n'eût point osé réclamer le prix du passage, et qui, d'ailleurs, ne pouvaient y être tenus, puisqu'ils étaient les plus hauts représentants, dans la province, de l'autorité royale. Le mardi 10 mars de cette année, Monseigneur le duc de Verneuil, gouverneur du Languedoc, et Madame la duchesse, sa femme, se rendaient, en grand équipage, de Nimes à Uzès. La duchesse était fatiguée : à Nimes, le matin même, « messieurs les consuls avaient harangué madame dans le lit, à cause qu'elle était incommodée » ([3]). Le lourd carrosse allait doucement, et l'on fit halte au couvent de Saint-Nicolas.

(1) Ci-dessus, p. 37.
(2) Voir ci-dessus, p. 58.
(3) *Mémorial des affaires de la Ville*, Arch. munic. de Nimes, L, 52, à la date des 9 et 10 mars 1682.

Le lendemain, ce fut monseigneur le duc de Montanègues, lieutenant-général pour le roi en Languedoc; mais il traversa le pont sans s'être arrêté au couvent des chanoines de S. Augustin ([1]).

Pendant les premières années du xviii° siècle, le pont de Saint-Nicolas ne vit plus passer de beaux carrosses armoriés. Les exploits du camisard Picard, dit *le Dragon*, hôte de la Bégude-de-Saint-Nicolas ([2]) avaient répandu la terreur sur cette route d'Uzès à Nimes. Afin de rétablir la sécurité, en février 1705, après la dispersion des Camisards, le maréchal de Montrevel ([3]) crut devoir mettre garnison, pour quelque temps, dans les villages les plus suspects de la Vaunage et s'assurer de certains points importants des environs de Nimes. Notre pont fut naturellement de ce nombre. Un sergent et dix hommes y restèrent pendant environ six mois, montant la garde sur la plate-forme de la tour.

L'année suivante, le pont de Saint-Nicolas vit arriver deux compagnies de cavalerie; mais, cette fois, il ne s'agissait que d'une pompe pacifique. Le duc de Roquelaure, nommé par le roi, en mars 1706, pour

---

(1) *Mém. des aff. de la ville*, à la date du 11 mars 1682.

(2) Voir aux *Pièces justificatives*, n° xxvii.

(3) « Pour empêcher les assemblées, et pour prévenir un nouveau soulèvement, on établit des postes dans les endroits les plus suspects de la Vaunage, et aux environs de Nimes. On mit à *Uchaud*, un capitaine, un sergent, un tambour et quarante soldats; à la *Barraque-de-Codognan*, un lieutenant, un sergent, un tambour et trente hommes; au *Pont-de-Lunel*, un sergent et dix hommes; au *Pont-de-Saint-Nicolas*, un sergent et dix hommes ». — *Relation historique de la révolte des Camisards*, par M. Charles-Joseph de La Baume, p. 144 du msc. 13,846 de la Bibl. de Nimes.

commander en Languedoc à la place du duc de
Berwick, était à Nimes, depuis quelques jours; la duchesse sa femme venait l'y rejoindre. Partie d'Uzès,
le 14 octobre au matin, elle trouva, en arrivant au
pont de Saint-Nicolas, les deux compagnies de cavalerie bourgeoise de Nimes, qui étaient venues au
devant d'elle jusque-là, et qui lui firent cortége
jusqu'à Nimes (¹).

Les choses ont bien changé avant la fin du siècle.
Dans les premiers jours de février 1791, une émeu-
te ayant éclaté à Uzès, le directoire du département
du Gard y envoya, le 15, trois cents hommes de troupe
de ligne. Ils furent suivis, le 17, par un détachement de cent cinquante gardes nationaux, qui prit
poste au pont de Saint-Nicolas avec du canon, tandis
que trois cents hommes du même corps servaient
d'escorte au citoyen Vigier, commissaire envoyé à
Uzès par le Directoire du département (²).

---

(1) Cfr Ménard, t. VI, p. 422; voir aussi, *Pièces justificatives*,
nº XXXI.
(2) P.-L. Baragnon, *Abrégé de l'hist. de Nimes*, t. IV, p. 30;—
Moniteur du 26 févr. 1791.

PIÈCES JUSTIFICATIVES,

ET

DOCUMENTS INÉDITS ANNOTÉS

RELATIFS A

L'HISTOIRE DU DIOCÈSE D'UZÈS.

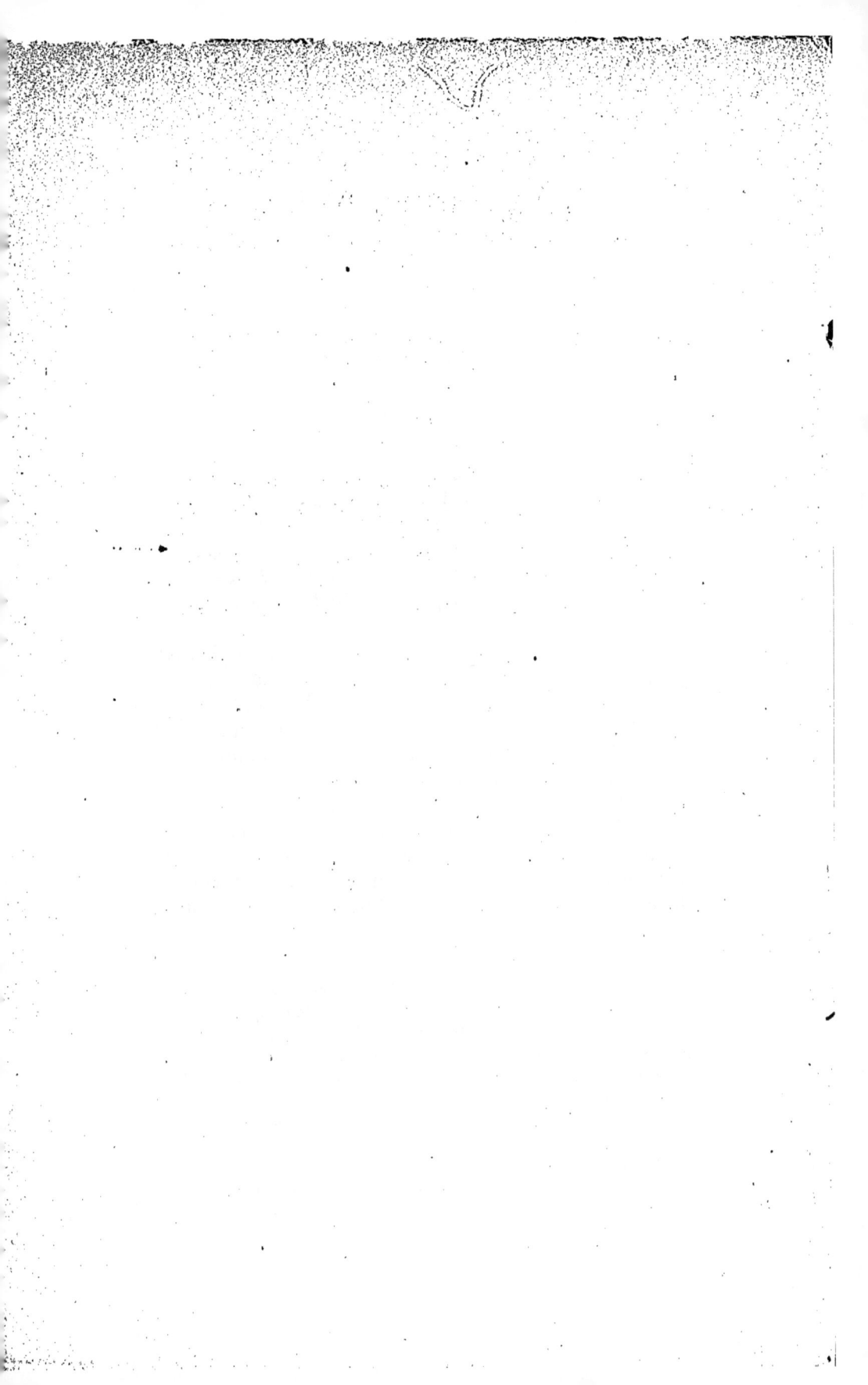

PIÈCES JUSTIFICATIVES.

I.

Dépaissance pour Gourdouse dans les terroirs de Malmont, Malmontet et Méjanes.

Juin 1188.

Sit universis notum quod, anno dominicæ incarnationis, M. C. LXXX. VIII. mense junii, regnante Philippo, rege Francorum, controversia vertebatur inter abbatem et fratres *Francarum-Vallium*, ex una parte, et inter priorem et fratres de *Gordosa* (1) ex altera, coram domino *R.*, Uzeticensi episcopo, assidente ei *Stephano Vedelli*, judice, in hunc modum :

Dicebant siquidem abbas et fratres *Francarum-Vallium* quod *Guigo Meschini* (2) eis in perpetuum donaverat dominium et quicquid habebat vel habere debebat in *Malmont* (3) et in *Malmontet* et in *Mejans*, in cultis et in incultis, pratis, pascuis, nemoribus; et hoc ita quod possent ibi colere, plantare, hedifficare et omnem voluntatem suam facere.

E contra pars altera, quædam istorum inficians, dicebat quod *Odilo Garinus*, pater videlicet prædicti *Guigonis*, et ipse *Guigo*, pietatis intuitu, domui de *Gordosa* in perpetuum donaverat et concesserat quod animalia propria ejusdem domus de *Gordosa*, et non alia, libere et absque omni in-

---

(1) *Gourdouse*, aujourd'hui hameau de la commune de Vialas, canton du Pont-de-Montvert, arrondissement de Florac (Lozère), appartenait, avant 1790, au doyenné de Sénéchas, l'un des neuf doyennés du diocèse d'Uzès. — Le prieuré de Gourdouse était, au XVIIe siècle, « à la présentation de Madame de La Fare ». (*Reg. des Ins. eccl. d'Uzès*, Arch. dép. du Gard, G, 20, suppl.).

(2) Guy Méchin, seigneur de Saint-Julien-du-Tournel. — *Saint-Julien-du-Tournel* est aujourd'hui une commune du canton du Bleymard, arrondissement de Mende.

(3) *Malmont*, hameau de la commune de Saint-Julien-du-Tournel.

quietudine sua suorumque, in prædictis pascuis pasce-
rentur semper.

Tandem, post longa variaque certamina et diversorum
testium utrinque factam productionem, auditis hinc inde
allegationibus, confessionibus et atestacionibus diligenter
examinatis et plenius intellectis, a prædicto domino *R.*,
Uzeticensi episcopo, assidente ei (sicut dictum est) *Stephano
Vedelli*, ita fuit judicio decisa :

Videlicet quod propria animalia domus de *Gordosa*, quæcumque sint, et non alia ejus nomine, semper in pace et
absque omni inquietudine domus et fratrum *Francarum-
Vallium*, in prædictis locis pascantur.

Dixit etiam quod abbas et fratres *Francarum-Vallium* ha-
berent, tenerent et possiderent prædicta loca, sine inquietudine illorum de *Gordosa*, ad colendum, plantandum,
hedifficandum et colligendum fenum et ligna, sicut in instrumento, quod prædictus *Guigo Meschini* suo sigillo signatum eis concessit, continebatur ; ita tamen (sicut superius
scriptum est) quod non expellant nec arceant propria animalia domus de *Gordosa* a prædictis pascuis, nec inferant
fratribus domus de *Gordosa*, nec eorum animalibus vel peco-
ribus, quæcumque sint, molestiam aliquam vel gravamen.

Factum est hoc apud *Uceciam*, mense et anno supras-
cripto, in crota (1) domini *R.*, Uzetizencis episcopi, præsentibus : *B.*, archidiacono ; *Guillermo de Coliaco*, sacrista ;
B., præcentore ; *Guillermo de Corconne* (2) et *Guillermo de
Buxedone* (3), archipresbiteris ; *B. de Besuco* (4) ; *S. de Be-
zuco* ; *Bermundo de Mesoaga* (5) ; *Capreria* ; *B. de Sancto-*

(1) *Crota*, salle voûtée, salle basse.

(2) *Corconne*, commune du canton de Quissac. — Sur une élévation qui
domine le village, on voit encore les ruines du château de Corconne.
Situé à l'entrée des Cévennes, il était regardé comme une place importante.

(3) *Boisseron*, commune du canton de Lunel (Hérault). — Boisseron
faisait autrefois partie de la viguerie de Sommières.

(4) *Besue*, hameau de la commune de Baron, canton de Saint-Chaple,
arrondissement d'Uzès.

(5) *Mexoargue*, commune du canton de Tarascon (Bouches-du-Rhône).

Stephano ; *Guillermo de Codolz* (1) ; *R. de Montemirato* (2) ; *Guillermo*, priore de *Gordosa* ; *Poncio*, priore *Sancti-Nicolai* ; *Ugone de Clarenzaco* (3) ; *R. de Samsone* (4) ; *Mascarono* ; *Petrus de Ecclesia* ; *W.*, priore *Francarum-Vallium* ; et quam pluribus aliis : et *Bruno*, qui, mandato domini *R.*, Uzeticensis episcopi, hoc instrumentum scripsit et sigillo ejus plumbeo munivit et corroboravit.

(Un lacs de soie rouge tient encore à l'acte).

(Chartes de FRANQUEVAUX.— Arch. dép. du Gard , H. 2. 27.)

II.

Vente d'un franc-alleu situé dans le territoire d'Argence, faite à Bernard Castellan, précepteur de l'hôpital de Saint-Gilles, par Raimond de Saint-Julien, chanoine de Saint-Nicolas-de-Campagnac et prieur de Saint-Geniès-de-Fourques, avec l'assentiment de Pierre d'Arpaillargues, prieur dudit monastère.

20 janvier 1258 (1259).

L'impression de ce mémoire était commencée, lorsqu'en parcourant le magnifique ouvrage intitulé : *Iconographie des sceaux et bulles conservés dans la partie antérieure à 1790 des Archives départementales des Bouches-du-Rhône*, par Louis BLANCARD, ancien élève de l'Ecole des Chartes, Archiviste du département (5), nous avons rencontré, à la

(1) *Codolz*, village aujourd'hui ruiné, sur le territoire de la commune de Nimes.

(2) *Montmirat*, commune du canton de Saint-Mamert, arrondissement de Nimes. Montmirat faisait partie de la viguerie de Sommières et du doyenné de Sauzet, diocèse d'Uzès. — Le fief de Montmirat appartenait à la famille d'Esponchès, de Nimes.

(3) *Clarensac*, commune du canton de Saint-Mamert. — Avant 1790, Clarensac appartenait à la viguerie et à l'archiprêtré de Nimes.

(4) *Sampzon*, commune du canton de Vallon (Ardèche). — Voir ci-dessus, p. 10, note 1.

(5) Marseille, typ. Arnaud et Cᵉ, 1 vol. de description et 1 vol. de planches.

page 233, la mention de l'acte de vente ci-dessous, auquel pend encore, par un cordon de fil tricolore, le sceau en cire jaune dont voici la description :

+ SIGILLVM. STI. NICOLAI.

Légende en capitales romaines entre cordons. — Dans le champ, une tête, de face, portant la couronne monacale.

Nous avons immédiatement écrit à M. l'Archiviste des Bouches-du-Rhône pour lui demander une copie de la pièce par lui mentionnée et la permission de reproduire le fac-simile qu'il a donné, planche 93, n° 4, du sceau du monastère de Saint-Nicolas au xiii° siècle. Nous le prions de recevoir ici tous nos remerciments pour le bienveillant empressement avec lequel il a répondu à notre demande et qui nous a permis d'insérer à son rang, parmi nos *Documents inédits*, la pièce suivante : .

Anno Dominicæ incarnationis millesimo .CC. LVIII°., scilicet .XIII°. kal. februarii, regnante Lodoyco, Francorum rege. Ego *Raymundus de Sancto-Juliano*, canonicus monasterii *Sancti-Nicholay-de-Campannaco*, prior sive rector ecclesiæ *Sancti-Genesii-de-Argencia* (1), de mandato et voluntate conventus dicti monasterii, et etiam de voluntate et consilio et assensu domini *Petri de Arpallanicis* (2), prioris dicti monasterii, præsentis et concedentis, pro utilitate dictæ ecclesiæ *Sancti-Genesii*; bona fide et sine dolo, vendo et titulo puræ et perfectæ venditionis in perpetuum, cum hac carta, absque omni retentu, in liberum alodium trado seu

---

(1) *Saint-Geniès-d'Argence* ou *Saint-Geniès-de-Fourques*. — *Fourques*, commune du canton de Beaucaire, faisait partie, avant 1790, de la viguerie de Beaucaire pour le temporel, et de l'archevêché d'Arles pour le spirituel. — L'église de Fourques s'appelait encore *Sanctus-Genesius-de-Columna*. Ces appellations de *Furcæ* et de *Columna* se rattachent au souvenir de S. Geniès, ce greffier d'Arles, qui fut martyrisé, entre Fourques et Trinquetailles, en l'an 303.

(2) *Arpaillargues*, commune du canton d'Uzès, appartenait, avant 1790, au doyenné et à la viguerie d'Uzès.

quasi trado et concedo tibi, fratri *Bernardo Castellano*, præ-
ceptori domus *Hospitalis Jehrosolomitani de Sancto-Egidio*,
nomine ipsius domus stipulanti et recipienti ; et per te ipsi
domui et fratribus ejusdem, præsentibus et futuris, et quibus volueris concedere, quacumque alienacionis specie, scilicet totam illam terram cum suis pertinenciis quam habeo
et possideo, nomine dictæ ecclesiæ, in liberum alodium, in
Argencia (1). Et confrontat, ex una parte, cum terra dictæ
domus hospitalis, et ab alia parte, cum carreria qua itur ver-
sus *mansum Hospitalis* (2) ; acceptis a te, nomine precii, M. M.
M. solidis turonensibus (3), omni exceptioni non habiti vel
non recepti precii renuncians. Et, si plus valet dicto precio,
totum illud tibi et per te ipsi domui et fratribus ejusdem,
præsentibus et futuris, dono, cedo et mando et specialiter
remicto et omnino desamparo, et in te transfero, sicut me-
lius ad utilitatem tuam et dictæ domus Hospitalis potest in-
telligi vel ab aliquo jurisperito dictari vel utilius excogitari.
Quam siquidem terram, cum suis pertinenciis, defendam tibi
et dictæ domui Hospitalis, et fratribus dictæ domus, præsentibus et futuris, in liberum alodium, jure et judicio, ab
omni controversia et interpellatione, et ab omni usatici et
census præstatione. Et ob evictionem, si forte in solidum
partemve contigerit, omnia bona dictæ ecclesiæ tibi, et
per te dictæ domui Hospitalis et fratribus ejusdem, jure ypo-
thecæ obligo et suppono. Et me nullam, in prædicta venditione vel remissione seu bonorum dictæ ecclesiæ obligatione,

---

(1) La terre d'*Argence*, donnée à Raymond de Saint-Gilles par l'archevêque d'Arles, en 1075, comprenait la portion de l'archidiocèse d'Arles
qui est à la droite du Rhône. Elle était bornée : à l'E., par le Rhône ; à
l'O., par les territoires de *Bellegarde*, de *Manduel* et de *Redessan* ; au S.,
par le *Petit-Rhône* ; et au N., par le territoire de *Saint-Bonnet* et le
Gardon. Elle comprenait les onze paroisses suivantes : Argence, Bassar-
gues, Beaucaire, Clausonne, Comps, Fourques, Jonquières, Meynes, Saint-
Paul, Saint-Vincent-de-Cannois et Saujan. Cinq de ces paroisses (Bas-
sargues, Beaucaire, Clausonne, Fourques et Meynes) furent incorporées
à la viguerie de Beaucaire, à l'époque où cette viguerie fut formée (1221).

(2) *Mas-de-l'Hôpital*, métairie de la commune de Garons, canton de
Nîmes.

(3) Trois mille sous tournois.

de cetero controversiam vel interpellacionem seu litem ali-
quas, per me vel per interpositam personam, civilem vel
ecclesiasticam, moturum vel condicturam, nomine majoris precii, vel alia ratione contraventurum, nec revocatu-
rum, sed omnia suprascripta et singula rata perpetuo ha-
biturum et firmiter observaturum, tibi bona fide per stipu-
lationem promicto; concedens tibi quod auctoritate tua possessionem dictæ terræ apprehendas; et, donec possessionem
ipsius terræ corporaliter apprehenderis, constituo me interim prædictam terram, tuo nomine et etiam nomine dicti Hospitalis, possidere. Promittens tibi, in bona fide mea, quod
non feci nec dixi, nec de cetero faciam nec dicam quo mi-
nus dicta vendicio in sua maneat perpetua firmitate. Renuncians juri dicenti quod bona ecclesiæ non debent alienari,
et omni alii juri et racioni, ecclesiastico et civili, mihi vel
dictæ ecclesiæ competenti vel competituro.

Ad hæc nos, *Petrus de Arpallanicis*, prior dicti monasterii *Sancti-Nicholay*, de consilio et voluntate conventus
dicti monasterii, scientes prædictam venditionem ad utilitatem dictæ ecclesiæ esse factam, prædictam terram laudamus et concedimus et confirmamus tibi, fratri *Bernardo
Castellano* prædicto, stipulanti et recipienti nomine dictæ
domus Hospitalis, et per te ipsi domui et fratribus ejusdem, præsentibus et futuris, et quibus volueris concedere,
quacumque alienacionis specie. Et, ad majorem firmitatem,
præsentem cartam sigillo conventus dicti monasterii, de
voluntate et mandato ipsius, jussimus roborari.

Et ego, frater *Bernardus Castellanus* prædictus, confi-
teor et in veritate, coram subscriptis testibus, recognosco
quod de mandato domini *Faraudi de Barrascio*, prioris
Hospitalis, dictam terram emi de precio terræ de *Canabe-
riis* (1) et de terræ precio condam *Petri Capelloni*.

Actum fuit hoc apud *Nemausum*, in domo *Sancti-Nicholay* (2). Et interfuerunt testes rogati : *Guillelmus Andreas*, ne-

---

(1) *Canacères*, métairie du territoire de Saint-Gilles, près de la roubine
du même nom, qui fait communiquer l'étang de *Scamandre* avec le *Petit-
Rhône*.

(2) Les religieux de Saint-Nicolas avaient sans doute, à Nimes, un hos-

tarius, *Poncius Lumbardus; Petrus Girardus; Petrus Bonetus; Bernardus Servaireta*; et ego magister *David*, notarius publicus villæ *Sancti-Egidii*, qui, utrinque rogatus, hæc scripsi et signavi.

(Arch. des Bouches-du-Rhône, Ordre de Malte, Argence, n° LVIII).

III.

Rôle des procurations ou droits de visite accordés par le Pape Clément V à l'Archevêque de Narbonne, sur les églises du diocèse d'Uzès.

1314.

Anno Domini. M. CCC. XIIII°. Dyocesis Vticensis. Rotulus procurationum reverendo in Christo patri domino archiepiscopo Narbonensi, per Summum Pontificem dominum Clementem, bonæ memoriæ Papam quintum, concessarum.

Sequuntur nomina illorum qui non solverunt.

Præcentor Vcociæ, pro ecclesia de Teserio (1).

Prior Sancti-Nicholay (2).

De Furnesio (3).

De Domasano (4).

---

picium, comme ceux de Franquevaux en avaient un; mais j'ignore dans quel quartier cette maison était située.

(1) *Théziers*, commune d'Aramon. Le prieuré de Saint-Amans-de-Théziers était uni à la mense capitulaire d'Uzès, et le précenteur de la cathédrale en était prieur.

(2) C'est *Saint-Nicolas-de-Campagnac.* — Nous verrons, par un document de 1470 (*Pièces justificatives*, n° VII) que les chanoines de Saint-Nicolas, dans les assemblées synodales du diocèse, prenaient rang immédiatement après ceux du chapitre de la cathédrale.

(3) *Fournès*, commune du canton de Remoulins. Le prieuré Saint-Pierre-de-Fournès faisait partie du doyenné de Remoulins.

(4) *Domazan*, commune du canton d'Aramon. Le prieuré de Domazan, du doyenné de Remoulins, était uni au chapitre de Villeneuve.

De Argileriis (1).

De Blandiaco (2).

De Dyono (3).

De Colonicis (4).

De Foissaco (5).

De Cervasanis (6).

De Sabrano (7).

De Orlis (8).

De Vallecrosa (9).

De Valayranicis (10).

De Sancto-Laurencio-de-Verneda (11).

(1) *Argilliers*, commune du canton de Remoulins. Ce prieuré, du doyenné d'Uzès, était uni à la prévôté de la cathédrale.

(2) *Blauzac*, commune du canton d'Uzès. Ce prieuré était, à l'origine, sous le patronage de S. Baudile, dont il porte le nom (*Blandiacum*, *Blaudiacum*, altération de *Baudilacum*, qui, dans le diocèse de Nimes, a donné *Blandiacum*, Blandas); ce n'est qu'assez tard qu'apparaît le vocable de *Notre-Dame-de-Blauzac*. Le prieuré de Blauzac appartenait au doyenné d'Uzès.

(3) *Dions*, commune du canton de Saint-Chapte. Le prieuré Saint-Pierre-de-Dions appartenait au doyenné de Sauzet.

(4) *Colorgues*, commune du canton de Saint-Chapte. Le prieuré Saint-André-de-Colorgues était du doyenné d'Uzès. C'était un prieuré régulier uni au monastère de Saint-Nicolas-de-Campagnac. Comme tel, il était de la collation de l'abbé ou prieur de Saint-Nicolas. (Cfr. *Registre des Insinuations ecclésiastiques du diocèse d'Uzès*, Arch. dép. du Gard, G, 29 suppl.)

(5) *Foissac*, commune du canton de Saint-Chapte. Le prieuré de Fois-sac était du doyenné d'Uzès.

(6) *Servezonne*, aujourd'hui hameau de la commune d'Uzès. « Saint-Loup-de-Cervezane, prieuré à simple tonsure, de la collation de Mgr l'évêque ». (*Insin. eccl. du diocèse d'Uzès*, G, 29, suppl., fᵒ xvi rᵒ.)

(7) *Sabran*, commune du canton de Bagnols. Le prieuré de Sabran faisait partie du doyenné de Bagnols.

(8) Lege : *Ollis*. — *Saint-Victor-des-Oules*, commune du canton d'Uzès. Le prieuré de Saint-Victor-des-Oules appartenait au doyenné d'Uzès.

(9) *Valcrose*, aujourd'hui hameau de la commune de Lussan. Le prieuré de Valcrose faisait partie du doyenné de Navacelle.

(10) *Valérargues*, commune du canton de Lussan. Ce prieuré appartenait au doyenné d'Uzès.

(11) *Saint-Laurent-la-Vernède*, commune du canton de Lussan. Le

De Fontanesio (1).

De Crispiano (2).

De Mauressanicis (3).

De Sancto-Baudilio (4).

De Sancto-Genesio (5)

De Marcellano (6).

De Mossiaco (7).

De Martinhanicis (8).

De Mayranicis (9).

De Sancto-Justo (10).

De Vacqueria (11).

prieuré de Saint-Laurent-de-la-Vernède, du doyenné d'Uzès, était uni à la mense capitulaire.

(1) *Fontanès*, commune du canton de Sommières. Le prieuré de Fontanès, uni à l'aumônerie du chapitre cathédral, faisait partie du doyenné de Sauzet.

(2) *Crespian*, commune du canton de Saint-Mamert. Le prieuré Saint-Vincent-de-Crespian appartenait au doyenné de Sauzet.

(3) *Mauressargues*, commune du canton de Lédignan. Le prieuré simple et séculier de Mauressargues, annexé plus tard à celui de Montagnac, faisait partie du doyenné de Sauzet.

(4) *Saint-Bauzély-en-Malgoirès*, commune du canton de Saint-Mamert. Ce prieuré, désigné aussi, dans les actes du xv° siècle, sous le nom de *Sanctus-Baudilius-ultra-Guardonem*, était du doyenné de Sauzet.

(5) *Saint-Geniès-en-Malgoirès*, commune du canton de Saint-Chapte. Le prieuré de Saint-Geniès-en-Malgoirès appartenait au doyenné de Sauzet.

(6) *Saint-Marcel-de-Carreiret*, commune du canton de Lussan. Ce prieuré faisait partie du doyenné de Bagnols.

(7) *Moussac*, commune du canton de Saint-Chapte. Le prieuré de Saint-Nazaire-de-Moussac appartenait au doyenné de Sauzet.

(8) *Martignargues*, commune du canton de Vézenobre. Le prieuré Saint-Martin-de-Martignargues faisait partie, comme les précédents, du doyenné de Sauzet.

(9) *Meyrannes*, commune du canton de Saint-Ambroix. Le prieuré de Meyrannes était compris dans le doyenné de Saint-Ambroix.

(10) *Saint-Just*, commune du canton de Vézenobre. Le prieuré de Saint-Just-de-Barthanaves appartenait au doyenné de Navacelle.

(11) *Vaquières*, annexe de la commune de Saint-Just. Le prieuré de Vaquières, réuni plus tard (xvii° siècle) à celui de Saint-Just, était du même doyenné.

De Sancto-Privato-de-Veteribus (1).

De Sancto-Ypolito, prope Flaucium (2).

De Sancto-Juliano-de-Vallegualga (3).

De Valle (4).

De Chaneschas (5).

De Sancto-Lupo (6).

De Gordosa (7).

De Malono (8).

De Chambonas (9).

De Riperiis (10).

De Algarno (11).

(1) *Saint-Privat-des-Vieux*, commune du canton d'Alais. Ce prieuré, uni à la mense capitulaire de la cathédrale d'Uzès, appartenait au doyenné de Navacelle.

(2) *Saint-Hippolyte-de-Montaigu*, commune du canton d'Uzès. Ce n'est qu'à la fin du xv⁰ siècle que ce prieuré, du doyenné d'Uzès, fut distingué, par l'appellation de *Montaigu*, de *Saint-Hippolyte-de-Caton*, autre prieuré du même diocèse, appartenant au doyenné de Navacelle.

(3) *Saint-Julien-de-Valgalgue*, commune du canton d'Alais. Ce prieuré était du doyenné de Navacelle. C'est sur son territoire qu'était située l'ancienne abbaye royale de *Notre-Dame-des-Fonts*, avant qu'elle fût transportée (xiv⁰ siècle) à Alais.

(4) *Laval*, commune du canton de la Grand-Combe, autrefois Notre-Dame-de-la-Val. Ce prieuré appartenait, en 1384, au diocèse de Nîmes. Au xvi⁰ siècle, il est compris dans le doyenné de Sénéchas, et, par conséquent, dans le diocèse d'Uzès; lors de l'érection de l'évêché d'Alais, il est uni à la mense capitulaire d'Alais.

(5) *Sénéchas*, commune du canton de Génolhac. C'était le chef-lieu d'un doyenné considérable du diocèse d'Uzès.

(6) *Saint-Loup*, église aujourd'hui ruinée, sur le territoire de la commune de Villefort (Lozère), appartenait au doyenné de Gravières. — Le prieuré Saint-Loup-de-Villefort était à la collation de l'abbé de Saint-Gilles. (*Instn. eccl. du diocèse d'Uzès*, f⁰ 22 r⁰.)

(7) *Gourdouse*. Voir, sur ce prieuré, *Pièces justificatives*, n⁰ 1, note 1.

(8) *Malons*, commune du canton de Génolhac. Le prieuré de Saint-Pierre-de-Malons était compris dans le doyenné de Gravières.

(9) *Chambonas*, commune du canton des Vans (Ardèche). Le prieuré de Chambonas était aussi du doyenné de Gravières.

(10) *Rivières-de-Theyrargues*, commune du canton de Barjac. Le prieuré Saint-Privat-de-Rivières faisait partie du doyenné de Saint-Ambroix.

(11) *Le Garn*, commune du canton du Pont-Saint-Esprit. Le prieuré de Notre-Dame-du-Garn faisait partie du doyenné de Cornillon.

De Maransano (1).
De Lauduno (2).
De Sadoyrano (3).
De Roureto (4).
De Cadens (5).
De Joffa (6).
De Ornaco (7).
De Putelleriis (8).

(1) *Maransan*, église rurale sur le territoire de la commune de Bagnols. Le prieuré Saint-Tyrce-de-Maransan appartenait au doyenné de Bagnols.

(2) *Laudun*, commune du canton de Bagnols. Le prieuré Saint-Geniès-de-Laudun était du doyenné de Bagnols.

(3) *Saduran*, église rurale sur le territoire de la commune de Bagnols. Le prieuré Saint-Martin-de-Saduran faisait partie du doyenné de Bagnols.

(4) *Rauret*, aujourd'hui hameau de la commune d'Hortoux-et-Quilhan, canton de Quissac. Le prieuré Saint-Michel-de-Rauret, figure à tort sur cette liste; à moins que, postérieurement à l'année 1314, il n'ait été distrait du diocèse d'Uzès, pour être incorporé à celui de Nimes, dont il faisait partie au XVIIᵉ siècle, comme compris dans l'archiprêtré de Quissac; il était à la nomination de l'évêque de Nimes et valait 500 livres.

(5) *Cadens*. Le prieuré de Cadens fut réuni de bonne heure à celui de Notre-Dame-du-Pin, qui faisait partie du doyenné de Bagnols. — On lit, dans le registre des *Insinuations ecclésiastiques du diocèse d'Uzès* (Arch. dép. du Gard, G, 29 suppl., fᵒ cxxix rᵒ) : « Le sieur Pierre Plantier, prebstre et prieur du lieu *du Pin et de Cadens* ».

(6) *Jouffe*, hameau et chapelle ruinée sur le territoire de la commune de Montmirat, canton de Saint-Mamert. Ce prieuré, dès le XIᵉ siècle, avait donné son nom à un canton du diocèse d'Uzès (*Vallis-Iufica*), compris dans la vallée de la Courme, dont il est le point culminant. Ce canton a été plus tard englobé dans le doyenné de Sauzet. — Le prieuré Notre-Dame-de-Jouffe était à la collation du prieur de Saint-Saturnin du Pont-Saint-Esprit.

(7) *Orgnac*, commune du canton de Vallon (Ardèche). Le prieuré d'Orgnac était compris, avant 1790, dans le diocèse d'Uzès, doyenné de Cornillon, pour le temporel; mais, pour le spirituel, il relevait du diocèse de Viviers. Comme Rauret (p. 79, ci-dessus), il ne devrait donc pas avoir place sur cette liste, à moins qu'il n'ait été distrait du diocèse d'Uzès, par suite de remaniements postérieurs à 1314.

(8) *Potelltières*, commune du canton de Saint-Ambroix. Ce prieuré était du doyenné de Saint-Ambroix.

De Broseto (1).

De Croso (2).

De Sancto-Genesio (3).

De Taraucio (4).

De Jocone (5).

De Clairano (6).

De Cadeneto (7).

De Sancto-Stephano-de-Sors (8).

De Sancto-Vincentio-de-Croso. — Non est visitabilis (9).

(1) *Brouzet* , commune du canton de Vézenobre. Le prieuré Sainte-Cécile-de-Brouzet appartenait au doyenné de Navacelle.

(2) *Le Cros*. Ce prieuré , qui devint de bonne heure une annexe de celui de Cornillon , était uni à la Chartreuse de Valbonne. (*Insin. eccl. du dioc. d'Uzès*, G , 29, suppl., f° xi r°).

(3) *Saint-Geniès-de-Claisse* , chapelle ruinée , sur une hauteur au pied de laquelle coule la Claisse , sur le territoire de Saint-Sauveur-de-Cruglères, commune du canton des Vans (Ardèche). Ce prieuré , aujourd'hui disparu, faisait partie du doyenné de Saint-Ambroix. Il était « à la collation de l'évêque d'Uzès , et à la présentation de Madame de Rochegude ». (*Insin. eccl. du dioc. d'Uzès*, G, 29 suppl., f° xiv r°).

(4) *Tharaux* , commune du canton de Barjac. Le prieuré de Tharaux était aussi du doyenné de Saint-Ambroix.

(5) *Gicon* , chapelle ruinée, près des ruines du château de ce nom, sur le territoire de la commune de Chusclan , canton de Bagnols. L'église *Sainte-Madeleine-de-Gicon* , qui devait appartenir au doyenné de Bagnols, a cessé d'exister comme prieuré vers le milieu du xve siècle.

(6) *Clairan* , village qui , réuni à celui de *Cannes* , forme, depuis 1790, la commune de Cannes-et-Clairan, canton de Quissac. Le prieuré de Saint-Saturnin-de-Clairan faisait partie du doyenné de Sauzet.

(7) *Cadenet* , église ruinée , sur le territoire de la commune de Chusclan. Le prieuré de Cadenet était du doyenné de Bagnols.

(8) *Saint-Etienne-des-Sorts* , commune du canton de Bagnols. Ce prieuré appartenait au doyenné de Bagnols. C'était un prieuré régulier, relevant de Cluny. (*Insin. ecclés. du dioc. d'Uzès*, G , 29, f° ix r° de la sec. partie du reg.)

(9) *Cros* , commune du canton de Saint-Hippolyte-du-Fort. Le prieuré Saint-Vincent-de-Cros, sans doute par suite de remaniements postérieurs à 1314, faisait partie, au xviie siècle, du diocèse de Nimes , et fut cédé par lui au diocèse d'Alais avec tout l'archiprêtré de Saint-Hippolyte-du-Fort.— La mention *non est visitabilis*, ici comme pour les églises d'Ayroles , de Touplan et de Brignon , signifie que, à cette époque, l'état de pauvreté de

De Ayrolis. — Non est visitabilis (1).
De Sancta-Cruce (2).
De Centanerio (3).
De Topiano. — Non est visitabilis (4).
De Sancto-Martino-de-Jonquerio (5).
De Briniono. — Non est visitabilis (6).
De Domessanicis (7).
De Gordanicis (8).

IV.

Testament de Raymond Gaucelin.

30 juin 1316.

Testament de Raymond Gaucelin, seigneur en partie

ces prieurés les mettait dans l'impuissance d'acquitter le droit de *procuration*, et que, par suite, il n'y avait pas lieu de les visiter.

(1) *Ayrolles*, chapelle ruinée sur le territoire de la commune de Sainte-Anastasie, canton de Saint-Chapte. Le prieuré de *Saint-Théodorit-d'Ayrolles* était du doyenné de Sauzet.

(2) *Sainte-Croix-des-Bories*, église ruinée, auj. *la Gleizado*, sur le territoire de la commune de Castelnau-et-Valence, canton de Vézenobre. — Le prieuré Sainte-Croix-des-Bories devait faire partie du doyenné de Navacelle.

(3) Peut-être pour *Cenaterio*. *Saint-André-de-Sanatière* était un prieuré séculier, de la collation de l'évêque d'Uzès. (Voir *Registre des Insinuations ecclésiastiques du diocèse d'Uzès*, G, 29, suppl., f° xxi, r°.)

(4) *Touplan*, aujourd'hui l'un des hameaux de la commune de Goudargues, canton du Pont-Saint-Esprit. — Il ne reste plus trace de ce prieuré, qui devait être, comme Goudargues, du doyenné de Cornillon.

(5) *Saint-Martin-du-Jonquier*, église ruinée et château sur le territoire de la commune de Chusclan, canton de Bagnols. Ce prieuré appartenait au doyenné de Bagnols. Il était uni à l'ouvrerie de la cathédrale d'Uzès. (*Insin. eccl. du diocèse d'Uzès*, f° 11 v°.)

(6) *Brignon*, commune du canton de Vézenobre. Le prieuré de Brignon était du doyenné de Sauzet.

(7) *Domessargues*, commune du canton de Lédignan. Le prieuré Saint-Étienne-de-Domessargues était compris dans le doyenné de Sauzet.

(8) *Goudargues*, commune du canton du Pont-Saint-Esprit. Le prieuré Notre-Dame-et-Saint-Michel-de-Goudargues faisait partie du doyenné de Cornillon.

d'Usez, fils de Raymond Gaucelin, seigneur en partie d'Usez, par lequel il veut être enterré au monastère Saint-Nicolas, ordre de Saint-Augustin, diocèse d'Uzez, au tombeau de ses prédécesseurs.

Où il veut que son héritier fasse une fondation de quatre chapellenies, de 15 livres tourn. de rente chacune, et confirme la fondation de deux chapelles que son père y avait faite;

Donne aud. monastère 100 livres tourn.;

Veut que son héritier fonde un hôpital dans le lieu le plus proche dudit monastère, pour lequel [hôpital] il donne 40 livres tourn. de rente à prendre sur Besousse (1), diocèse de Nimes, tous ses draps de lit, nappes et essuie-mains;

Fait un légat à toutes les églises de religieux mendians des diocèses d'Uzez, Nimes et Maguelonne (2);

A chaque église paroissiale de sa terre, un calice d'un marc et deux flambeaux de cire de six livres;

A l'église cathédrale d'Usez, quatre torches de cire;

Veut que tout le blé qu'il a soit distribué en trois portions : — Une partie à Nimes, dont la moitié sera distribuée en pain aux pauvres, et l'autre moitié pour marier de pauvres filles; — la deuxième partie dud. blé sera distribuée dans sa terre; la moitié sera donnée aux pauvres, et le prix de l'autre servira pour marier de pauvres filles; — la troisième partie, ou le prix d'icelle, sera employée en œuvres pies.

Lègue à Raymond Geniez, chevalier, son ami, la moitié du château de Saint-Christofle (3), et tout ce qu'il a sur les

----

(1) *Bezouce*, commune du canton de Nimes. — La terre de Bezouce, depuis l'échange du 16 août 1269 (V. Ménard, t. 1, Preuves, Charte LXVI, p. 51, col. 1; — t. VII, p. 609), appartenait aux évèques de Nimes. Mais les seigneurs d'Uzès y avaient gardé des droits de justice. Ce sont sans doute les revenus de ces droits de justice que le testateur applique, jusqu'à concurrence de 40 livres tourn., à *l'hospice* qu'il veut fonder au pont de Saint-Nicolas.

(2) On sait que c'était, avant le XVIᵉ siècle, le titre de l'évêché de Montpellier.

(3) *Saint-Christol*, domaine sur le territoire de la commune de Lussan (Gard), appartenant aujourd'hui à M. V. de Baumefort.

moulins *de riperia Alzonis* (1), qui avaient appartenu à Pons de Durfort (2), et tous les droits de boucherie et de leude (3) qu'il a à à Usez, après la mort de Pierre de Vic (4), qui en jouit;

Lègue à Astorg du Tournel, son compagnon (*socio*), 100 livres et son grand cheval;

A Bernard de Sauve, seigneur de la Rouvière (5), son damoiseau (6), le château de Bourdic (7);

A la fille de Guillaume du Pont, seigneur de La Tour, sa filleule, 50 livres;

(1) La rivière d'*Alzon* prend sa source à Mamolène, commune de la Capelle, canton et arrondissement d'Uzès; traverse les communes de Valabrix, Saint-Quentin, Saint-Victor-des-Oules, Uzès, Saint-Maximin, Argilliers et Colias, et se jette dans le Gardon, sur le territoire de cette dernière commune, après un parcours de 21,600 mètres. — Raymond Gaucelin n'était pas le seul à posséder des moulins sur l'Alzon. Dès 923, l'évêque de Nimes, Ugbert, en avait acquis un par échange (*Cartulaire Notre-Dame de Nimes*, charte LXII). — On verra, par les actes que j'ai réunis sous le n° VI ci-après, que les évêques d'Uzès et d'autres propriétaires en possédaient aussi sur cette rivière.

(2) *Durfort*, commune du canton de Sauve, arrondissement du Vigan. — Le château de Durfort remontait au XIIIe siècle; il a été vendu et détruit, à l'époque de la Révolution.

(3) Les droits de *leude*, ou d'octroi sur les denrées qui entraient dans la ville d'Uzès, appartenaient, par tiers, aux évêques, aux seigneurs et aux consuls d'Uzès. On peut se faire une idée de la valeur de ces revenus par les actes que je donne à la suite de ceux qui sont relatifs aux moulins de l'Alzon.

(4) *Vic*, l'un des quatre villages ou hameaux qui composaient, avant 1790, le *Mandement de Sainte-Anastasie* et qui forment aujourd'hui la commune du même nom.

(5) *La Rouvière-en-Malgoirès*, commune du canton de Saint-Chapte, arrondissement d'Uzès, faisait partie, avant la Révolution, de la viguerie d'Uzès et du doyenné de Sauzet.

(6) Damoiseau, *domicellus*, jeune gentilhomme, fils de chevalier, qui n'avait pas encore mérité le grade de chevalier (*miles*) par ses services militaires.

(7) *Bourdic*, commune du canton de Saint-Chapte. Le château de Bourdic et la seigneurie appartenaient, au commencement du XVIIIe siècle, à la famille Galissard. Ce qui reste du château est aujourd'hui la propriété de notre honorable confrère, M. le baron de Daunant, ancien premier président, ancien pair de France. — Me Antoine-Isaac de Daunant épousa, en

A Rostaing de Pujaut (1), son damoiseau, 100 livres ;

A Guillaume d'Aramon (2), son damoiseau, 50 livres tourn. et son roussin frison blanc ;

Aud. Raymond Geniez, un cheval ;

A Nicolerio, son écuyer, 50 livres ;

A Raymond de Montclar son damoiseau, 50 livres ;

A Guiraud, son maréchal, 30 livres et un cheval dit *le Grand-Saunier* ;

A Pierre d'Aramon, son écuyer, 25 livres tourn. ;

A *B. de Medenis* (3), son écuyer, 25 livres ;

A Moron, *garcioni equi sui*, 10 livres ;

Déclare devoir à son messager, Jean Guerrier, 100 sols tourn. ; et lui en donne autres 100 sols ;

A Hennequin, *garcioni suo*, 100 sols ;

A Jelin, *garcioni suo*, 50 sols ;

A Alain, son fauconnier, 100 sols et un faucon.

Veut que l'on envoie deux faucons, à la première saison, à Philippe, comte de Poitiers ;

Que l'on restitue à Trenquier, de Clarensac (4), *illud factum* qu'il a tenu à sa main *per commissum*, au terroir de Bourdic ;

octobre 1727, demoiselle Marie Galissard (voir *Registre des Insin. eccl. du diocèse de Nimes*, Arch. dép. du Gard, G, 27, f° 108 r°). — Le frère de Marie de Galissard, Pierre, seigneur de Bourdic, épousa, en août 1733, demoiselle Anne de Langlade (*Ibid.*, f° 272 r°). — La famille Galissard avait sa maison à Nimes, rue des *Cardinaux* ; c'est celle qui porte aujourd'hui le n° 25 de la rue des *Orangers*.

(1) *Pujaud (Podium-altum)*, commune du canton de Villeneuve-lez-Avignon, appartenait, avant 1790, à la viguerie d'Uzès ; mais, pour le spirituel, relevait du diocèse d'Avignon.

(2) *Aramon*, aujourd'hui chef-lieu de canton de l'arrondissement de Nimes. Quoique faisant partie de la viguerie de Beaucaire qui relevait, pour le spirituel, de l'archevêché d'Arles, Aramon appartenait au doyenné de Remoulins, diocèse d'Uzès. C'était une des sept villes de ce diocèse qui envoyaient, par tour, un député aux Etats de Languedoc.

(3) *Bernard de Meynes*. — *Meynes*, commune du canton d'Aramon, appartenait, avant 1790, à la viguerie de Beaucaire, pour le temporel, et à l'archevêché d'Arles, pour le spirituel.

(4) *Clarensac*, commune du canton de Saint-Mamert, arrondissement de Nimes, faisait partie, avant 1790, de la viguerie et de l'archiprêtré de Nimes.

Lègue à Pierre Barnoin, *camarlenco suo* (1), une maison à Lédenon, un jardin, huit salmées avoine et huit d'orge ;

A Pérégrine de Colias (2), femme de Bernard de Guallo, 15 livres tournois, et à sa fille, 10 livres ;

A Douce Bégas, de Colias, 10 livres ;

Lègue à André Frédol, *electo Uticensi* (3), son grand cheval Bayard (4).

Il déclare qu'il lui est dû 150 livres tourn., pour reste de la dot de sa mère, par les héritiers de Guillaume de Laudun, chevalier, ou par R. de Laudun, mineur, et R. de Laudun, majeur (5).

Nomme, pour exécuteurs testamentaires le prieur dudit monastère de Saint-Nicolas, le gardien des Frères-Mineurs d'Usez, et led. Raymond Geniez ;

Lègue à Béatrix, sa fille, femme de Reforset de Montauban, 100 livres, outre la dot qu'elle a eue ;

Fait héritier universel Bérenguier, évêque de Tusculum, son oncle.

Duquel héritage il distrait 5,000 livres. pour payer ses dettes ; et, s'il en reste quelque chose, en œuvres pies. Il le charge de payer tout ce qu'il doit à l'occasion de ses parens et de feu Raymond Rosselin, seigneur de Lunel, et de restituer à Garsende, sa femme, 1,000 livres tourn. qu'il reconnaît avoir reçues pour sa dot.

Fait *juxta civitatem Lugdunensem, loco vocato Forveria*,

(1) Son valet de chambre.

(2) *Colias*, commune du canton de Remoulins. Colias appartenait, avant la Révolution, à la viguerie d'Uzès et au doyenné de Remoulins. Le château de Colias, qui subsiste encore, ne date que du xvi⁰ siècle ; celui du moyen âge, qui appartenait aux co-seigneurs d'Uzès, occupait tout auprès un emplacement qu'on appelle aujourd'hui *le Castellas*. — (Voir ci-dessus, p. 25, note 1.)

(3) Elu par le chapitre, mais n'ayant pas encore reçu ses bulles de Rome.

(4) On reconnaît ce nom de coursier popularisé par le roman des *Quatre fils Aymon.*

(5) Raymond Gaucelin avait épousé N. de Laudun, sœur de Guillaume de Laudun, dont les fils, Raymond de Laudun l'aîné et Raymond de Laudun le jeune, restaient redevables, envers le seigneur d'Uzès, d'une partie de la dot de leur tante.

en présence de Guillaume, évêque de Béziers ; André Frédol, *electus Uticensis;* Raymond, abbé de Saint-Tibéry (1) ; Guillaume Revel, prévôt d'Alby.

Reçu par *Pierre Verniolas*, not. de Béziers.

(Généalogie des seigneurs d'Uzès; Msc d'Aubais, p. 349, n° 13,855 de la Bibliothèque de Nimes.)

V.

Le prieuré du désert de Notre-Dame-de-Carsan.

25 juin 1619.

L'ermite Raynaud de Cambronne eut-il longtemps des imitateurs de ses vertus, et son exemple inspira-t-il à d'autres bénédictins de Montclus ou d'ailleurs l'amour de la solitude et de la pénitence ? On verra, par la pièce que nous allons citer, que, dès les premières années du xviie siècle, son ermitage, ruiné pendant les guerres religieuses du siècle précédent, n'était plus qu'*un prieuré régulier de l'ordre de saint Benoît, sans charge d'âmes et n'exigeant pas la résidence personnelle du prieur qui en portait le titre*, c'est-à-dire un de ces maigres bénéfices que les évêques, les abbés ou d'autres collateurs distribuaient aux ecclésiastiques besogneux ou bien aux écoliers en théologie, en vue de les entretenir, pendant leurs années d'étude, dans les universités.

On remarquera que, à cette époque, le prieuré de Carsan, conféré à messire *Paul Rivière*, porte une double dénomination et s'appelle le prieuré de Notre-Dame-de-Carsan-et-*des-Embres*. Cette dénomination *des Embres* viendrait-elle de la réunion à Notre-Dame-de-Carsan d'un prieuré *des Embres*, qui en serait devenu l'annexe ? Le fait des ces an-

----

(1) *Saint-Thibéry*, commune du canton de Pézenas, arrondissement de Béziers (Hérault). C'était, avant la Révolution, une abbaye du diocèse d'Agde.

nexions est si fréquent, à cette époque, qu'une pareille explication nous semble tout-à-fait probable ; mais alors comment se fait-il que ce prieuré *des Embres* apparaisse, pour la première fois, en 1619 ?

Insinuations pour Mre Pol Rivière, prebstre, d'Uzès, de ses provisions du prieuré et bénéffice Sainte-Marie-de-Carsan-et-des-Embres. — L'an mil six cens trente sept, et le dix-neufvième jour du mois de juin, après midi, à Uzès, devers le Greffe des Insinuations ecclésiastiques du diocèse dud. Uzès, devant nous *Jean Salvy*, gréffier royal d'icelles, s'est présenté Mre *Pol Rivière*, prebstre, prieur du prieuré et bénéfice de *Notre-Dame-de-Carsan-et-des-Embres*, qui nous a présenté la provision et signature par luy obtenue de nostre sainct Père le Pape dud. prieuré, ensemble le *forma-dignum* sur ce obtenu, et l'acte de prinse de possession d'icelluy prieuré, le tout en deue forme, que nous a requis insinuer et enregistrer, et lui en octroyer acte, pour luy servir aux effectz de l'ordonnance du Roy, ainsi que de raison, nous remetant, à ces fins, lesd. pièces, de teneur :

Cessio. Uticensis. F. Puejadi. Beatissime Pater, cum devotus vir *Joannes Ripert*, presbyter Uticensis seu alterius diocesis, qui prioratum *Eremi-Beatæ-Mariæ-de-Carsan-et-Embrarum*, cura et conventu carentem, ordinis S. Benedicti, dictæ Uticensis diocesis, concessione apostolica in commendam ad vitam obtinet, ac aliunde commode vivere valet, ex certis causis animum suum moventibus, commendam dicti prioratus necnon omnis cujuscumque juris sibi in illo vel ad illum quomodolibet competentis in manibus S. V. sponte et libere cedere proponat et exnunc cedat, suplicat humiliter S. V. devotus illius orator *Paulus Riviere*, presbiter, dictæ Uticensis diocesis, quathenus, cessionem hujusmodi admittens sibique specialem gratiam faciens, prioratum prædictum, cujus et illi forsan annexorum fructus .xxiiij. ducatorum auri de camera, secundum comunem œstimationem, valorem annum non excedunt, quovismodo et cujuscunque personæ, seu per similem dicti *Joannis* vel cujusvis alterius de illo, in Romana curia vel extra eam, eodem coram notario publico et testibus, sponte factam

cessionem vel assequtionem et sive obitum dicti *Joannis*, et
Roman. cur. jam forsan defuncti, commenda ipsa cessante
vacet; etiam si devolutum ad effectum specialiter vel aliter
ex quavis causa etiam dispositive expedienda generaliter
reservatum curatum etc., eidem oratori per eum generaliter
tenendum, et ita quod liceat ei de illius fructibus dispo-
nere, committere digneris de gracia speciali, non obstan-
tibus constitutionibus et ordinationibus apostolicis ac dictis
ordinatione et nominatione quo forsan dependet, et juramento et roboratis statutis et privilegiis quibuscumque in-
dulti, et litteris apostolicis, sub quibuscumque tenore et
formis, ac cum quibusvis clausulis et decretis, in genere vel
in specie, aut alias in contrarium quomodolibet concessis,
et viribus omnibus et etiamsi de illis, hac vice, derogare
placeat, cæterisque contrariis quibuscunque, cum clausulis
opportunis. Concessum ut petitur, in præsentia D. N. Papæ.
J. Ubaldus.

Nicolaus Bonaudus, presbiter, juriumque doctor, pridr
loci de *Pinu* (1), necnon vicarius generalis in spiritualibus
et temporalibus reverendissimi in Christo patris et domini
domini *Pauli-Antonii de Fay* (2) *de Peraud*, Dei et sanctæ
sedis Apostolicæ gracia episcopi Helenopolitani, et coadjutoris episcopatus Uticensis, Comissarius et executor apostolicus, ex facultate a reverendissimo Uticensi episcopo præfato
reverendissimo episcopo Helenopolitano et coadjutori irre-
vocabiliter concessa, specialiter deputatus et delegatus,
Universis et singulis ad quos hæ nostræ litteræ pervenerint
Salutem in Domino. Noveritis quod nobis, de parte magistri
Pauli Riviere, presbiteri, dictæ Uticensis diocesis, præsen-
tata signatura apostolica provisionis sibi facta de prioratu
Eremi-Beatæ-Mariæ-de-Carsan-et-Embriarum, cura et conventu carente, ordinis S. Benedicti, in forma simplicis
commendæ, dictæ diocesis, a Sanctissimo Domino Nostro
Papa Paulo quinto emanata cum clausula in *forma-dignum*
novissima, sub datum Romæ apud Sanctam-Mariam-Majo-

(1) Le prieuré de *Notre-Dame-du-Pin* faisait partie du doyenné de
Bagnols. — Voir ci dessus p. 79, note 5.
(2) *Sic.* — Le véritable nom est *de Fayn*.

rem, decimo kalendas aprilis, anno quarto decimo, sub contrasigillo alligata. Fuimus ab eodem magistro *Paulo Riviere*, presbitero, instanter requisiti ut ad executionem dictæ signaturæ, juxta nobis commissa, procedere dignaremur. Nos, vicarius commissarius et executor apostolicus præfatus, visa dicta signatura apostolica commissionem nostram continente, illiusque percepto tenore, ac cum debito honore et reverentia recepta, volentes in executione ejusdem mandatis apostolicis, ut tenemur, parere, jamdicto magistro *Paulo Riviere*, presbitero, præsenti, examinato, capaci et idoneo reperto, prædictum prioratum *Eremi-Beatæ-Mariæ-de-Carsan-et-Embriarum*, cura et conventu carentem, ordinis Sancti Benedicti, dictæ Uticensis diocesis, modo et forma in dicta signatura expressis vacantem, cum suis juribus et pertinentiis universis, contulimus, et, de eadem auctoritate prædicta apostolica qua fungimur in hac parte, providimus, prius per eumdem professione fidei, juxta ritum sanctæ Romanæ ecclesiæ et sacri Tridentini [concilii] decretum, a qua se nunquam discessurum medio juramento promisit, genibus flexis præstita et devote in manibus nostris emissa; mandantes propterea, eadem auctoritate apostolica, primo presbitero, clerico aut notario requirendo, et eorum cuilibet, quatenus, receptis præsentibus, præfatum magistrum *Paulum Riviere*, aut procuratorem legitimum ejus nomine, in possessionem realem, actualem et corporalem prædicti prioratus et annexorum juriumque ejusdem ponat et inducat, positumque et inductum tueatur et manuteneat, amoto exinde quolibet illicito detentore, quem nos amotum harum serie declaramus. In quorum fidem, præsentes litteras manu nostra signatas et sigillo præfati reverendissimi episcopi coadjutoris munitas et per secretarium subsignatas, fieri et expediri jussimus. Datum et actum Uceciæ, in ædibus nostræ solitæ residentiæ, die vigesima quinta mensis junii, anno Domini millesimo sexcentesimo decimo nono; præsentibus ibidem : fratre *Philipo Amblard*, canonico et priore de *Valc-Aquaira* (1)

___

(1) Lege : *Valle-Aquaria*, *Valliguière*. — Le prieuré de Valliguière,

et *Josepho Roqueto*, Uceciæ, testibus rogatis et in originali signatis. — *Bonaudus*, vicarius generalis. — De mandato dicti domini vicarii generalis, *Roc᾿ierius*.

(Insin. ecclés. du diocèse d'Uzès, Arch. dép. du Gard, G, 29, suppl., f⁰ˢ 68 v°-70 v°.)

VI.

Actes relatifs aux moulins de la rivière d'Alzon.

I. Moulin des Crozes.

Dit aussi *Molin-del-Miech*, *Molin-del-Foux*, *Molin-de-Nouel*.

1. — 30 juillet 1470. — *Emptio ususfructus Johannis Hunic, moynerii, Ucecia.* — Anno domini millesimo quatercentesimo .lxx°. et die. xxxª. mensis julii. Noverint universi quod, cum discretus vir *Petrus Roberti*, mercator, Ucecia, teneat et possideat titulo emptionis *Ludovici Pisan* condam et *Anthonii Lagarda*, fructus et ususfructus, pro duabus partibus, molendini *dels Croses*, constante instrumento recepto per magistrum *Johannem Affortiti*, notarium condam, Ucecia, ut asserunt. Hinc est quod, anno et die prædictis, dictus *Roberti* dictos fructus et ususfructus molendini prædicti, pro duabus partibus, vendidit, ad tempus infrascriptum, *Johanni Hunic*, moynerio, Ucecia, præsenti etc., ad tempus quatuor annorum inceptorum in festo Pentecostes, et in simili die finiendorum etc.; precio cujuslibet anni decem salmatarum bladi molture, solvendarum, videlicet : medietatem, in festo Calendarum; et aliam medietatem, in festo Paschæ; sic anno quolibet similes soluciones continuando, donec etc. Cum pacto quod reparationes neccessarias in dicto molendino, pro parte tangente *Anthonium Lagarda* solum et dumtaxat, ipse *Roberti* solvere teneatur. Pro quibus tenendis, dictæ partes, una penes aliam, obligaverunt

---

compris dans le doyenné de Remoulins, était uni au chapitre cathédral d'Uzès. — Voir plus loin, *Pièces justificatives*, n° vii, l'acte relatif au synode de 1470.

omnia bona viribus curiarum etc. Actum *Uceciæ*, in appotheca dicti *Petri Roberti*; præsentibus discretis viris *Vitale Blanchoni*, fabro; *Johanne Sageri*, hostalerio; *Johanne Gleysandi*, macellario, habitatoribus civitatis *Uceciæ*, testibus ad præmissa vocatis; et me, *S. Andreæ*, notario regio.

(Notes de Sauvaire André, Arch. dép du Gard, E, 27, suppl., f° 44 r°.)

2. — 24 sept. 1484. — *Laudimium honorabilis viri magistri Firmini de Jauffrezenchis, notarii, Uceciæ.* — Anno Domini. m°. iiij°. lxxx°. quarto, et die. xxiiijta. mensis septembris. Reverendus in Christo pater et dominus, dominus *Nicolaus*, miseratione divina Uticensis episcopus, certus de venditione quiotæ partis cujusdam molendini bladerii siti in ripperia *Alzonis*, loco dicto de *Noveto* sive *dels Crozes*, cum terra, ribeyratgiis, juribus et pertinenciis universis, venditæ per *Anthonium Baudosii*, appothecarium, Uceciæ, donatarium *Duranti de Jauffrezenchis*, civitatis Uceciæ, magistro *Firmino de Jauffrezenchis*, notario, dictæ civitatis, confrontatæ cum dicta ripperia et cum molendinis ejusdem magistri *Firmini* et cum vinea *Anthonii Serverii* (1), et cum suis etc. Precio triginta libr. tur., [sicut] constat per magistrum *Johannem Albi*, notarium, Uceciæ. Igitur dictam venditionem laudavit, in possessionem per tactum manuum, etc. Salvo etc. pro indiviso cum eodem tanquam præposito et cum domino *Montis-Falconis*, et pro duabus partibus ipsum tanquam episcopum tangentibus, et censu consueto. Confitens habuisse etc. laudavit, quietavit. Actum *Uceciæ*, in domo dicti domini Uticensis episcopi, præsentibus: venerabilibus viris dominis *Johanne de Aguto*, priore de *Arpalhanicis*; *Petro de Balneolis*, priore *Sancti-Andreæ-de-Rocapertusio* (2); *Bernardo Broche*, priore de

---

(1) C'est à ce même *Antoine Servier*, pareur ou apprêteur de draps, que le vicaire-général de Nicolas de Maugras, Guillaume Massé, le 24 avril 1488, afferme le moulin drapier de *Réveille-Matin*. — Voir plus loin, page 97.

(2) *Saint-André-de-Roquepertuis*, commune du canton du Pont-Saint-Esprit. — Le prieuré de *Saint-André-de-Roquepertuis* était du doyenné de Cornillon.

Avejano(3), testibus ad præmissa vocatis; et me, *Salv.*
Andreæ, not. (*Ibid.*, E, 32, suppl., f° 111.)

3. — 15 juin 1532. — *Arrendamentum pro magistro Petro*
Accaurati et Glaudio Guyon, paratore pannorum, Ucceiæ.—
Anno Domini millesimo quingentesimo. xxxij°. et die decima quinta mensis junii etc. Personaliter constitutus
discretus vir magister *Petrus Accaurati*, notarius, Ucceiæ,
maritus et conjuncta persona ac tanquam dominus rey dota-
lis honestæ mulieris *Symonæ de Jaufrezenchis*, qui gratis
arrendavit et titulo arrendamenti tradidit *Glaudio Guyon*,
paratori pannorum, Ucceiæ, præsenti etc. videlicet quoddam suum molendinum bladerium et drapperium situm in
riperia *Alzonis*, loco dicto *as Crozes*, sive *Molin-del-Miech*,
alias dictum *del Foux*, ad tempus unius anni incipiendi in
festo beati Johannis Batistæ et simili die finiendi, precio
triginta florenorum monetæ regiæ et viginti quinque libras
borræ, solvendo borram ad voluntatem dicti *Accaurati*,
et in festo sancti Andreæ proxime futuro quindecim florenos, et restam in fine anni. Una cum pactis sequentibus. Et
primo fuit de pacto quod dictus *Accaurati* sibi retinuit
omnes fructus arborum ejusdem molendini quam aliorum
fructifferorum. Item fuit de pacto quod dictus *Glaudius*
Guyon accipiet dictum molendinum ad extimam et in simili
qualitate reddere [tenebitur]. Item fuit de pacto quod dictus
Accaurati teneatur et debeat reparare dictum molendinum;
et. si dictus *Guyon* aliquid furnivit de salario dicti molendini in dictis reparationibus, tenebitur et debebit dictus
Accaurati sibi admictere in quictanciis id quod solverit; et,
facta reparatione, tenebitur dictum molendinum extimare
et restituere, ut supra dictum est. Item fuit de pacto quod
dictus *Accaurati* tenebitur facere coperire dictum molendinum et furnire duas molas ad molendum. Promisitque dictus *Accaurati* facere habere etc. et dictus *Guyon* solvere
precium prædictum. Pro quibus tenendis etc. Actum in

(1) *Avejan*, annexe de la commune de Saint-Jean-de-Marvéjols, canton
de Barjac. — Le prieuré d'Avejan faisait partie du doyenné de Saint-
Ambroix.

domo sive hospicio *Bartholomey Vielhe-Vinhe;* testibus præsentibus : *Vincencio de Orto; Jacobo Balani ;* et *Anthonio de Ranco ,* Ucceiæ habitatoribus ; et me, *Vitale Mercerii,* not. regio.

(*Notes de Vidal Mercier,* not. d'Uzès, Arch. dép. du Gard, E . 34 , suppl., fº 38 vº).

II. Moulin du Sauze,

dit aussi de *la Font-d'Ure ,* de *la Roque.*

1. — 30 avril 1476. — Anno Domini millesimo. iiijᶜ. lxxvjᵗᵒ. et die ultima aprilis.... honorabilis vir *Sebastianus Andraudi ,* villæ de *Monte-Lissono* (1), diocesis Bituricensis, oriundus civitatis Ucceiæ ,.... vendidit.... nobili *Leonello Malingri ,* Ucceiæ,.... videlicet quoddam molendinum paratorium, scitum in ripperia *Alzonis,* vulgariter dictum *del Sauze,* cum prato sibi contiguo, cum suis ribeyratgiis, juribus et pertinenciis universis , confrontatum cum itinere publico de *Roca* et cum dicta ripperia *Alzonis....* Salvo tamen et retento, in et super dicto molendino et prato sibi contiguo, reverendo patri domino *Johanni Textoris,* præposito ecclesiæ cathedralis et suæ præposituræ, ac nobili et potenti domino *Guillermo de Lauduno ,* milite, domino *Montis-Falconis,* eorum directo dominio , laudimio , consilio , jure, etc., et censu seu servicio annis singulis , in festo beati Michaelis solvendo, indiviso inter dictos dominos, unius cesterii frumenti et duorum den. tur. Precio centum quinquagenta librarum turonensium.

.... Et ibidem existens et personaliter constitutus *Glaudius Arnaudi* (2), mercator, Ucceiæ, frater dicti *Andraudi,* gratis dictam vendicionem.... laudavit, approbavit, etc. Actum *Ucceiæ,* in domo dicti nobilis , præsentibus : hono-

---

(1) *Montluçon,* sous-préfecture du département de l'Allier , sur le Cher.

(2) Il est à remarquer que Sébastien Arnaud, en s'établissant hors de son pays, a changé son nom d'*Arnaud* en celui d'*Andraud.*

rabili viro *Jacobo de Vallibus*, mercatore, Ucecio; nobili *Guillermo Pujolaris*, mercatore; *Jacobo Hospitalis*, *Raymundo Canolhe*, tonsoribus, Ucecio, testibus ad præmissa vocatis; et me, *S. Andreæ*, not.

Anno et die prædictis.... honorabilis vir *Sebastianus Andraudi*, mercator, Ucecio oriundus, nunc vero habitator de *Monte-Lissono*, diocesis Bituricensis.;... vendidit nobili *Leonello Malingri*, Ucecio... videlicet quoddam pratum devesium scitum in ripperia *Alzonis*, in territorio dicto *de Frega*, vulgariter nuncupatum *lo prat de la Font-d'Ura*, continens quatuor jornalia, de pluribus ortis unitum, confrontatum : ab oriente, cum dicto *Fonte-d'Ura*, valato in medio; ab occidente, cum dicta ripperia *Alzonis*; a vento, pariter; a circio, cum molendino *Johannis Veyreti*, moynerii, Ucecio.... Salvo tamen et retento, in et super dicto prato, domino seu dominis, a quo seu a quibus teneri etc.; et censu consueto. Precio septuaginta quinque libr. tur.... Et ibidem existens et personaliter constitutus honorabilis vir *Claudius Arnaudi*, mercator, Ucecio, frater dicti *Sebastiani*, dictam venditionem.... laudavit... Actum ubi supra, testibus præsentibus quibus supra ; et me, *S. Andreæ*, not. (*Ibid.*, E, 30, suppl., f° 24, v°).

Laudimium ejusdem nobilis Leonelli. — Anno quo supra et die secunda mensis maii. Noverint universi quod.... personaliter constitutus honorabilis vir *Anthonius Frumenti*, viguerius nobilis et potentis viri domini *Guillermi de Lauduno*, militis, domini de *Monte-Falcone*, procuratorque ejusdem domini, cum instrumento (ut asseruit) recepto per magistrum *Blayneti Manuffelli*, notarium, Ucecio, habens infrascripta peragendi potestatem, prout fidem fecit per litteram scriptam et signatam manu et signeto præfati domini *Montis-Falconis*, hujusmodi tenoris :

Mon viguier Fromant, lauzès à Leonello Malingri le molin du Sauze, alias de la Roque; car je me tiens por contant du lausiesme et l'en quicte par ces présantes. Escrit as Tors, ce premier jour de may mil. iiij° lxxvj. G. de Monfalcon.

Certus et certificatus de venditione molendini *del Sauze* cum prato sibi contiguo, venditi per *Sebastianum Andraudi* nobili *Leonello Malingri*, quodquidem molendinum tenetur et movetur sub directo dominio, laudimio, etc., et censu indiviso cum reverendo patre domino *Johanne Textoris*, præposito etc. Idcirco præfatus *Anthonius Frumenti....* laudavit etc.... Actum *Uceciæ*, in domo præposituræ, præsentibus : venerabili et religioso viro domino *Gregorio Nicolay*, canonico ecclesiæ cathedralis Uticensis et priore *Sancti-Victoris-de Costa ;* domino *Stephano Raffini*, presbitero ; *Philiberto Ravaneti*, Uceciæ ; et me, *Salv. Andreæ*, not. (*Ibid.*, fº 28 vº).

2. — 23 janvier 1487 (1488). — *Arrendamentum molendini bladerii domini Uticensis episcopi de la Font-d'Ura.* — Anno Domini. mº. iiijᶜ. lxxxvijᵗᵒ. et die. xxiijᵃ. mensis januarii. Venerabilis et religiosus vir dominus *Guillermus Masse*, canonicus et præcentor ecclesiæ Uticensis, vicarius et thesaurarius domini Uticensis episcopi, arrendavit *Matheo Bonalli* et *Johanni de Ponte*, moyneriis, Uceciæ,... videlicet molendinum bladerium dicti domini Uticensis episcopi dictum *de la Font-d'Ura*, situm in ripperia *Alzonis*, suis confrontationibus confrontatum, ad tempus quatuor annorum inceptorum in festo calendarum proxime defluxo, et in simili die finiendorum. Precio cujuslibet anni viginti octo florenorum, solvendo, de tribus in tribus mensibus, septem florenos, donec tempus dicti arrendamenti fuerit completum. Cum pacto quod dictus dominus thesaurarius teneatur de molis et grossa fustalha. Pro quibus tenendis etc. Actum *Uceciæ*, ante domum Archidiaconatus, præsentibus : domino *Michaele Chavinhati*, vicario, de Barjaco ; *Anthonio de Costa*, clerico, habitatoribus civitatis Uceciæ, testibus ad præmissa vocatis ; et me, *S. Andreæ*, not. (*Ibid.*, E, 33, fº 149 vº).

3. — 15 février 1602. — *Arrentement pour monseigneur l'évesque d'Uzès faict à Jehan Blau, musnier, dud. Uzès.* — L'an mil six cens deux, et le quinziesme jour de febvrier.... révérend père en Dieu messire *Loys de Vignes*, évesque et comte d'Uzès.... a arrenté.... à *Jehan Blau*, musnier, dud.

Uzès... sçavoir est ùng molin bladier que led. seigneur évesque a à lui appartenant, deppendant de sad. évesché, assiz
et scitué sur la rivière d'*Alzon*, appellé *la Font-d'Hure*,
avec le pred et chénevière y joignant. Et le présant arran-
tement a faict et faict led. seigneur évesque aud. *Blau* pour
le temps et terme de troys années.... que commenceront
le seitziesme jour du mois de mars prochaiu et semblable
jour finissant. Et c'est pour le prix et quantité de vingt six
charges bled, chascune année, moitié thozelle et moytié
conségal, bled de molture dud. molin ; payable lad. quantité bled, chascune année, par cartiers, de troys en troys
moys, soubz et avec les pactes suyvants.... Premierement,
que led. seigneur évesque sera tenu tenir led. molin en
estat de mouldre, comme il est de présent. Item, que led.
rentier sera tenu led. molin bien et douement entretenir en
bon mesnager et père de familhe, et en iceluy fère toutes
réparations nécessaires de cinq solz en bas, et led. seigneur
de cinq solz en hault. Item et sera tenu led. rentier, oultre
et par dessus la susd. quantité bled, mouldre aud. molin
le bled dud. seigneur évesque, ce que luy sera nécessaire
pour l'entreténement du mesnage de sa maison aud. Uzès
tant seulement, sans que led. rentier puisse prendre aulcung
droict de moulture. Et, moyennant ce, led. seigneur évesque a promis aud. *Blau* luy fère avoir et jouyr ledit molin,
pred et chénevière arrentés, durant led. temps de troys ans...
Fait et récité aud. Uzès et maison où habite led. seigneur ;
présans à ce : Mre *Guilhaumes Cléricy*, procureur dud. seigneur ; Mres *Jacques Arnaud* et *Jehan Sénac*, praticiens,
dud. Uzès, soubzsignés avec led. seigneur évesque ; led.
Blau illitéré ; et moi, *Jehan Gentous*, notaire royal aud.
Uzès, requis et recepvant, soubzsigné. L. DE VIGNE,
E. d'Uzès, CLÉRICY, ARNAUD, SÉNAC, GENTOUS, not. (*Notes
de Jean Gentous*, notaire d'Uzès, Arch. dép. du Gard, E,
35, suppl., f° 37.)

III. Moulin de Réveille-Matin.

1. — 24 avril 1488. — *Accapitum Anthonii Serverii, paratoris pannorum, Uceciæ.* — Anno Domini millesimo quadringentesimo octuagesimo octavo, et die vicesima quarta mensis aprilis, personaliter constitutus venerabilis et religiosus vir dominus *Guillermus Masse*, canonicus et præcentor ecclesiæ Uticensis, vicarius et thesaurarius reverendi in Christo patris et domini domini *Nicolay*, miseratione divina Uticensis episcopi, gratis et sponte dedit, donavit ad novum accapitum et in emphiteosim perpetuam perpetuo valituram, *Anthonio Serverii*, paratori pannorum, Uceciæ, præsenti, videlicet quamdam parvam terræ peciam, quæ est sita *Inter-Duas-Aquas*, in ripperia *Alzonis*, ad fines faciendi unum molendinum paratorium, vulgariter nuncupatum *Revelha-Matin*, in ripperia *Alzonis*. Confrontatur vero cum molendino de *Captinel*, et cum quodam parvo molendino discoperto vulgariter dicto *Taithinay* (?), a parte itineris loci de *Coliaco*, et cum prato domini *Johannis Galli*, in legibus baccallarii, a parte *Matris-Veteris* (1) loci *Sancti-Maximini* (2) ; una cum jure percipiendi aquam dictæ ripperiæ *Alzonis* et derivandi et derivari faciendi ad dictum molendinum dictum *Revelha-Matin*; dando licenciam faciendi ac reparandi resclausam veterem contiguam, quæ appodiat cum prato domini *Johannis Galli*, quæ resclausa est *Inter-duas-Aquas* ; citra præjudicium molendinorum præcedentium et sequentium. Molendinum prædictum (sicut præmittitur) ad novum accapitum datum concessit pro precio duodecim pullorum ; quod precium asseruit justum. Illud habuisse confessus est, quictavit, etc., investivit per tactum manuum ; salvo dicto domino Uticensi episcopo et retento suo directo dominio, et censu annuo, in festo beati Michaelis solvendo, duodecim den. tur. Pro qui-

_____

(1) « La mare vieille ». — Cfr. Ducange, sub v. *Matres*.

(2) *Saint-Maximin*, commune du canton d'Uzès, appartenait autrefois à la viguerie et au doyenné d'Uzès. Le château de Saint-Maximin avait été cédé, en 1156, par le roi Louis VII, à l'église d'Uzès.

bus, etc... Actum *Ucceiæ*, ante domum dicti domini præcentoris; præsentibus venerabilibus viris dominis *Anneto Taloni*, presbitero, priore *Sancti-Juliani Ucceiæ* (1); *Johanne Suielha*, eciam presbitero, vicario de *Cruveriis* (2); *Jacobo Brunelli*, Ucceiæ, testibus ad præmissa vocatis; et me, *S. Andreæ*, notario.

(Prothocollus notarum receptarum per Salvatorem Andreæ, regia et apostolica auctoritate notarium civitatis Ucceiæ, sub anno Domini m. iiii°. lxxx. octavo ab Incarnatione, f° 3, r°. *Notes de Sauvaire André.*)

2. — 24 avril 1488. — *Licencia ejusdem Anthonii Serverii.* — Anno et die prædictis, venerabilis vir dominus *Johannes Galli*, in legibus baccallarius, certus de dicta datione novi accapiti in sui præsentia nuper dati et concessi, habens molendinum in dicta ripperia *Alzonis*, contiguum molendino prædicto a parte superiori, cum nullum (ut asseruit) inferat præjudicium molendinis suis superioribus, molendino prædicto concensiit; hujusmodi dationi dicti accapiti pariter concensiit, et licenciam dedit prædicto *Anthonio*, præsenti, stipulanti et recipienti, appodiandi resclausam, pro derivari faciendo aquam dictæ ripperiæ ad dictum molendinum, absque dampni inforcione prato suo prædicto sito in ripperia *Alzonis*... Actum ubi supra et testibus quibus supra, et me, *S. Andreæ*, notario. (*Ibid., fol. 3 v°*).

3. — 24 avril 1488. — *Recognitio dicti domini Uticensis episcopi.* — Anno et die prædictis, dictus *Anthonius Serve-*

---

(1) *Saint-Julien.* Cette église existe encore à Uzès. Elle a été transformée, depuis la Révolution, en écuries d'une entreprise de diligences. — Cette église, fort ancienne, portait, en 897 (Cfr. *Gall. Christ.*, t. vi, Inst., col. 654), et en 1156 (Cfr. *Hist. de Lang.*, t. ii, Instr., col. 501) le titre d'abbaye. Elle avait donné son nom à une des portes d'Uzès.

(1) *Cruviers*, commune du canton de Vézenobre, faisait partie, avant 1790, de la viguerie d'Uzès et du doyenné de Sauzet. Le prieuré de Cruviers était sous le titre de S. Baudile : *Sanctus-Baudilius-de-Cruveriis. Notes de S. André*, année 1472, Arch. dép. du Gard, E, 29, suppl., f° 111 r° et 115 r°).

rii , dictum molendinum nominatum *Revelha-Matin* præcon-
frontatum, cum jure recipiendi aquam prædictam, reparandi et ædificandi resclausam veterem, prout superius
describitur, tenere confessus est et recognovit ab eodem
domino Uticensi episcopo, dicto domino vicario et thesaurario præsenti, stipulanti, etc. Sub ejus directo dominio
et censu duodecim denariorum turon. Actum ubi supra ,
testibus quibus supra , et me, *S. Andreæ*, not. (*Ibid.*, *fol.*,
4 *r°*).

IV. Moulin de Carrière.

1. — 15 mai 1488. — *Accapitum domini Johannis Carterii,
presbiteri, Ucceiæ.* — Anno quo supra et die decima quinta
mensis maii, venerabilis vir dominus *Guillermus Masse*,
canonicus et præcentor ecclesiæ Uticencis, vicarius et thesaurarius reverendi in Christo patris et domini domini *Nicolay* , miseratione divina Uticensis episcopi, gratis et sponte
dedit, donavit ad novum accapitum et in emphiteosim perpetuam, perpetuo valituram, domino *Johanni Carterii*,
presbitero , Ucceiæ, ibidem præsenti , stipulanti, etc.;
videlicet quamdam parvam terram, quæ olim fuit *Johannis
Bossac* , alias *lo Cadenié*, continentem. I. cyminatam , con-
frontatam : — ab oriente , cum montanea dicti domini Uticensis episcopi; — ab occidente , cum ripperia *Alzonis*; —
a vento, cum *lo Cap-Resclaus* molendini de *Carieyras* (1) ; —
a circio, cum terra *Egidii Mercerii*, et cum suis, etc.; pre-

(1) Le moulin de *Carrière*, sur la rivière d'Alzon, appartenait, à cette
époque, à noble Lionel Malingre, d'Uzès, qui l'avait acheté, le 26 mars
1476, de Claude Arnaud et de Raymond Cavalier, marchands, d'Uzès.
(*Notes de Sauv. André*, E, 30, f° 1.) — Voir aussi le même notaire, en
1478, E, 31, f° 60 v°). Il subsiste encore sous le même nom et à la même
place. Il ne faut pas le confondre avec le *Moulin-de-Carrière*, sur le
Gardon, commune de Colias, qui existait aussi dès le xv° siècle, et que
nous trouvons mentionné, en 1472, dans les notes de *Sauvaire André*
(Arch. dép. du Gard, E, 29, suppl., f° 66 r°) : « Molendinum scitum in
jurisdictione *Sancti-Stephani-de-Valle*, in ripperia *Gardonis*, dictum vulgariter *de Carrieyras* (Notes de S. André, E, 30, f° 49).

cio hujusmodi accapiti duarum gallinarum, quas habuisse confessus est...; salvo eidem domino Uticensi episcopo suo directo dominio, laudimio et censu duorum den. tur... Actum Uceciæ, in domo dicti domini præcentoris, præsentibus : venerabilibus viris dominis *Johanne de Agulo*, priore de *Arpalhanicis* (1) ; *Nicolao de Castro*, priore de *Sauzeto* (2), testibus ad præmissa vocatis; et me, *S. Andreæ*, notario. (*Ibid., fol.* 8 *v°*).

2. — 15 mai 1488. — *Recognitio ejusdem domini Uticensis episcopi.* — Anno et die prædictis, dictus dominus *Joannes Carterii*, presbiter, Uceciæ, dictam terram præconfrontatam et designatam tenere confessus est et recognovit ab eodem domino Uticensi episcopo, dicto ejus thesaurario præsenti, stipulanti, sub censu prædicto duorum den. tur. Promisit meliorare, etc... Actum ubi supra, et testibus quibus supra, et me, *S. Andreæ*, notario. (*Ibid., fol.* 9 *r°*).

V. Moulin de Malaigue.

1. — 5 avril 1535. — *Arrentement du moulin des draps de Malaigue, baillé à Jehan Fornier, pareur de draps d'Uzès.* — L'an mil sinq cens trente et cinq, et le Ve jour d'avril..... personnellement stabli et constitué *Mathieu Ravanel* (3), de *Alheuille* (4), parroisse de *Sagriès* (5), diocèse d'Uzès, tant

---

(1) *Arpaillargues*, commune du canton d'Uzès, faisait autrefois partie de la viguerie et du doyenné d'Uzès. — Le prieuré *Saint-Christol-d'Arpaillargues* était uni au chapitre de l'église collégiale de Beaucaire (Arch. dép. du Gard, G, 29, suppl., f° v r°).

(2) *Sauzet*, commune du canton de Saint-Chapte, était, avant la Révolution, le chef-lieu d'un des neuf doyennés du diocèse d'Uzès.

(3) Cette famille a donné, au xviie siècle, un ministre protestant, Pierre Ravanel, auteur d'un ouvrage considérable intitulé : *Petri Ravanelli, Uticensis Occitani, Bibliotheca sacra, seu Thesaurus scripturæ canonicæ amplissimus*, 2 vol. in-fol., Genève, 1660 (n° 232 du Catalogue de la Bibliothèque de Nimes). C'est à tort que M. Michel Nicolas (*Hist. litt. de Nimes et des localités voisines*, t. 1, p. 421) écrit *Ravanelle*.

(4) Aujourd'hui *les Alhugens*, domaine de la commune de Blauzac.

(5) *Sagriès*, annexe de la commune de Sanilhac, faisait autrefois partie de la viguerie et du doyenné d'Uzès. Le village de Sagriès fut un de

en son nom propre que de tous ses autres pariers (1), par lesquieulx (si besoing est) a promis faire ratifier ce que s'en suit; de son bon gré, pour luy et les sciens, a arrenté et par arrentement a baillé à *Jehan Fornier*, dud. Uzès, pareur des draps, présent, etc. C'est leurdit molin des draps et blé se tenent, situé au terroir d'Uzès, en la *rivière* d'*Aulzon*, avec ses appartenences acoustumées de arrenter, avec ses confronts et confrontations, pour le temps et espasse de troys années prochaines, acommencent à la feste de Toutz-Sainctz darnièrement passée, et semblable jourt fenissant, lesdites trois années finies, révolues et complectes; pour le pris de chascune année de quarante-neufz florins de roy, payable chascun an : à chascune feste de la Magdeleine (2), la moytié, qu'est vingt et quatre florins et demy; et l'autre moytié, à chascune fin d'année, qu'est à chascune feste de Toutz-Sainctz; et ce, avec toutz dépens, etc., sur les pactes qui s'ensuivent. — Premièrement, est de pacte convenu, passé et accordé que ledit *Jehan Fornier* sera tenu prendre ledit molin drapier et tiradous (3) d'icelluy à l'estime, comme est de coustume en ladite revière (4), et, à la fin de sesdites années, ainsi le rendra. — Item plus, est de pacte, etc., que ledit *Jehan Fornier*, oultre ledit pris, sera tenu payer la cense acoustumée durant ledit temps, et abilher (5), audit molin, toutz leurs draps de leur maison, pour leur vestiage et abilhage, pour eulx, enfens et pariers tant seulement; et ledit *Ravanel* sera tenu payer les tailhes et autres subsides dudit molin, durant ledit temps, et aussi faire toutes réparations audit molin bladier seullement : c'est de cinq soulz en hault, sans accumuler les journées; et, de cinq solz en bas, ledit *Fornier* sera tenu les faire et payer ycelles réparations, du-

ceux que Raymond de Saint–Gilles donna, en 1096, à l'Eglise du Puy (*Hist. de Languedoc*, t. II, Preuv., col. 344).

(1) *Parier*, en languedocien *pariayre*, co-seigneur, co-propriétaire d'un fief.

(2) 22 juillet.

(3) *Tiradous*, attraits, apparaux d'une usine.

(4) *Rivière*, dans le sens de contrée arrosée par une rivière ou baignée par une mer.

(5) Dans le sens de *fouler, parer*.

rant led. temps et terme que dessus. — Item plus, est de pacte que, oultre ce que dessus, ledict *Fornier* sera tenu bailler, durant ledit terme, chascune année, xxv livres de bourre grise. — Item plus, est de pacte que led. *Fornier* ne luy sera loisible ny pourra faire rompre ny coupper aucuns abres aud. molin apartenens, sinon à l'usayge dudit molin tant seulle-ment, et ce sans licence et permission desd. *Ravanel* et ses pariers, laquielle sera tenu demander, avant qu'il en face coupper, ny prendre aucung abre. — Item plus, est de pacte que led. *Jehan Fornier*, sera tenu bailler pour caution donne *Béatrix Durante*, tantes et quantes foys il en sera requis. Et, en oultre, l'argent qu'il avait avancé au premier arrente-ment demeurera, pour encore fins (1) à la dernière année, pour caution et pleige de abundant, ainsi qu'est contenu aud. précédent arrentement, et sur ses autres pactes oud. arrentement y contenus. Promect led. *Mathieu Ravanel*, au nom que dessus, faire valoir et tenir, etc. Et led. *Jehan Fornier*, payer ès termes et payes que dessus, et les pactes tenir etc. Et, pour ce faire, l'ung envers l'autre, s'en sont obligés et obligent leurs biens, tant meubles que im-meubles, ès cours royalle et des seigneurs d'Uzès, de M. le Séneschal et Conventions de Nysmes, et de toutes autres cours. Proumectent etc. Renoncent etc. Jurent etc. De quoy etc. Faict à Uzès, au devant la botique de sire *Mathieu Bargeton* (2), conseigneur de *Lédenon* (3). Tesmoingz pré-

(1) « Encore pour jusqu'à.... »

(2) C'est dans la personne de ce marchand d'Uzès que la famille Barge-ton venait d'être anoblie, dix-huit mois auparavant. Les lettres-patentes de François 1er sont datées du mois de novembre 1533. Un des descen-dants de Mathieu Bargeton, l'avocat Daniel, s'est rendu célèbre comme jurisconsulte et surtout comme auteur des fameuses *Lettres* : — *Ne repu-gnate vestro bono* (Londres, Paris, 1750, in-8° ; — Amsterdam, 1750, in-12). On sait qu'il les écrivit à la prière du contrôleur-général de Machault, qui voulait soumettre les biens du clergé à l'impôt du vingtième, et qu'elles furent réfutées par Duranton et J. de Caulet, évêque de Grenoble, et condamnées par Bonaventure Bauyn, évêque d'Uzès. Un exemplaire du mandement de ce prélat, portant condamnation du livre de Daniel, existe dans un recueil de la Bibliothèque de Nîmes, catalogué sous le n° 1109.

(3) *Lédenon*, commune du canton de Marguerittes, arrondissement de

sens : *Symon Panyer*, *Raymond Tabillet*, cardeurs des laines d'Uzès ; *Nicholas Clément*, de *Sagriès* ; *Pierre Amalric*, *Anthoine Chaben*, de *Aureilhac* (1). Et moy , *A. du Solier*, notaire.

(Premier caïer des Instruments et Notes d'Anthoine du Solier, notaire royal d'Uzès, prinses et receus en l'an mil v⁰ trente et cinq. fol. 14 v⁰.)

2. — 5 avril 1535. — *Quictance dud. Jehan Fornier.* — En après, incontinent après avoir récité ce que dessus, et ès présences de ceulx que dessus, led. *Mathieu Ravanel*, au nom que dessus, confesse avoir heu et reçeu, dudit *Johan Fornier*, la darnière paye des troys années de l'arrentement dud. molin passées , finies à la Toussainctz darnier passée , de laquelle darnière paye et de toutes les autres payes desd. troys années finies aud. faicte de Tous-Sainctz darnier passée , quicte etc ; cassant toutes quictances , la présente demeurant en sa robeur (2) et efficasse , tant seullement desdites troys années passées. . . . Faict à Uzès, et ès présences que dessus, et de moy, *A. du Solier*, notaire. (*Ibid.* f⁰ 16, r⁰.)

VI bis.

Actes relatifs à l'adjudication de la leude d'Uzès.

13 mai 1488.

1. *Instrumentum pro Petro Cassandi, Ucecíœ.* — Anno domini. M. CCCC. L. XXX. VIII. et die. XIII². mensis junii, nove-

Nimes, appartenait autrefois à la viguerie et à l'archiprêtré de Nimes. Mathieu Bargeton ne possédait qu'une partie de cette seigneurie. Nous trouvons, à la même époque, un Pierre d'Aramon, qui prend le titre de « baron de Lédenon », et dont les descendants ont possédé jusqu'en 1790 le château de Lédenon, dont on voit encore les ruines sur une hauteur.

(1) *Aureillac*, annexe de la commune d'Arpaillargues, canton d'Uzès, appartenait, avant la révolution, à la viguerie et au doyenné d'Uzès.

(2) « Force, valeur », du latin *robore*.

rint universi quod cum, secunda die mensis maii nuper
defluxi, fuit livratum *Petro Cassandi* arrendamentum ponderis dominorum Uceciæ et dominorum consulum ipsius civitatis, ad summam quadraginta librarum quinque solido-
rum turon., et emolumenti leudæ dominorum Uceciæ, ad
summam. XXI. libr. tur., prout constat per me notarium infrascriptum ; igitur venerabilis et religiosus vir dominus
Guillermus Masse, canonicus et præcentor ecclesiæ Uticensis, vicarius et thesaurarius reverendi in Christo patris et
domini domini *Nicolay*, miseratione divina Uticensis episcopi, certis de causis animum suum moventibus, quatenus contingit partem et portionem dicti domini Uticensis
episcopi emolumenti ponderis et leudæ, reduxit ad summam livratam, anno elapso, *Jauffrido Accaurati* (1), quod
est : ponderis, .XXII. libr. tur.; et leudæ *Stephano Carterii*, quod est in summam sexdecim libr. tur.; de majori
summa ipsum quictando, obligatione in efficacia remanente,
donec summa prædicta. XXII. libr. tur. et sexdecim libr.
tur. fuerit soluta. De quibus omnibus dictus *Petrus Cassandi*
peciit instrumentum. Actum *Uceciæ*, ante domum dicti domini præcentoris ; præsentibus : *Alano Guisen*, fabro;
Johanne Raymundi, cardatore, Uceciæ ; et me, *S. Andreæ*,
notario.

2 juillet 1488.

2. *Datio cautionis emolumenti ponderis et leudæ domino-*

---

(1) Nous trouvons, en 1531 (*Notes de Fr. Ariffon*, notaire d'Uzès, Arch.
dép. du Gard, E, 521), un «*Firmin Accaurat*, commis du clavaire
» d'Uzège » ; c'est sans doute le fils de Geoffroy Accaurat. Sauveur Accaurat, fils de Firmin, est auteur d'une traduction du *Traité des Bienfaits*, de
Sénèque. Nous possédons un exemplaire de ce livre rare. En voici le
titre exact : *Les sept livres de Senèque, traitant des bienfaits, avec la
vie dudit Senèque. Le tout traduit du latin en français par Sauveur Accaurat, natif d'Uzès, en Languedoc. Et dédié à très-illustre et puissante Dame
ma Dame Ieanne Galliote de Genolliac, comtesse du Rhin et Quercy, Dame
d'Aisse, Cadenae, Lunegarde et Lonzac.* — A Paris, par Benoist Preuost,
rue Frementel, à l'enseigne de l'Estoille d'or, 1560, 1 vol. in-8° de 236
feuillets. — Une seconde édition fut publiée l'année suivante, 1561, Paris,
Etienne Groulleau.

rum Uceciæ. — Anno quo supra, et die secunda mensis julii, *Jauffridus Accaurati* et *Jacobus Bosqueti* se constituerunt fidejussores pro *Petro Cassandi*, occasione arrendamenti emolumenti ponderis, pro summa dumtaxat viginti duarum libr. tur.; et, occasione leudæ seu emolumenti ejusdem, pro summa dumtaxat sexdecim libr. tur., erga dominos Uceciæ et consúles ejusdem civitatis, me notario stipulante vice et nomine quorum interest, ad summam prædictam, quatenus tangit dominum Uticensem episcopum, per dictum suum thesaurarium remissam, prout constat per me; se obligando in persona et bonis, prout ipse *Petrus Cassandi* erat obligatus, viribus curiarum in dicto arrendamento contentarum. Promiserunt, etc. Juraverunt, etc. Renunciaverunt, etc. De quibus, etc. Actum in appotheca mei notarii; præsentibus : *Jacobo Hospitalis; Guillermo Catalani*, Uceciæ, fusterio; et me, *S. Andreæ*, notario.

2 juillet 1488.

3. Deinde ipse *Petrus Cassandi* remisit dictum arrendamentum emolumenti ponderis et leudæ dictis jam *Accaurati* et *Bosqueti*, præsentibus, stipulantibus, etc., sub modo et formis prout sibi fuit livratum et reductum; se disvestivit, etc.. Et dicti *Jauffredus* et *Jacobus*, ad servandum indempnem dictum *Petrum*, occasione dictorum arrendamentorum, unus pro alio et alter pro toto, personas et bona obligaverunt etc. Promiserunt, etc. Juraverunt, etc. Renunciaverunt, etc. Actum ubi supra, et testibus quibus supra, et me, *S. Andreæ*, notario.

VII.

Synode diocésain d'Uzès.

17 octobre 1470

Procuratio venerabilis cleri civitatis et diocesis Uticensis. — Anno Domini. M. IIIJ°. lxx^mo. et die decima septima mensis

octobris, noverint universi quod, apud civitatem Uceciæ et
in ecclesia cathedrali dictæ civitatis, in sancta synodo beati
Lucæ existentes et personaliter constituti, coram reverendo
patre domino *Johanne Textore*, canonico et præposito ecclesiæ cathedralis Uticensis, synodum sanctam, pro reverendo
in Christo patre et domino domino *Johanne de Maruelhio*,
miseratione divina Uticensi episcopo, tenente et præsi-
dente; necnon coram egregio et venerabili viro domino
Nicolao Malegrassi (1), decretorum doctore, canonico et
sacrista dictæ cathedralis ecclesiæ, commendatario perpetuo ecclesiæ de *Fontanesio* (2), vicario generali in spiritualibus et temporalibus dicti domini Uticensis episcopi, venerabiles et religiosi viri domini *Ægidius de Lictera* (3),
canonicus et infirmarius dictæ cathedralis Uticensis ecclesiæ; *Hermengaudus Gyramundi*, in utroque jure baccallarius, canonicus et præcemptor ecclesiæ cathedralis Nemausi
et prior de *Calmeta* (4), diocesis Uticensis; *Galhardus Broe*,
presbiter, prior de *Valencia* (5); et *Johannes de Benna*, in
decretis baccallarius, prior de *Vallebrica* (6), procuratores

(1) Sur *Nicolas de Maugras*, voir ci-dessus, p. 21, note 3.

(2) Sur le prieuré régulier de *Saint-Martin-de-Fontanès*, voir ci-dessus
p. 77, note 1.

(3) *Gilles de Lettre*, comme *infirmier* du chapitre d'Uzès, était en même
temps prieur de *Saint-André-de-Jonquetrolles*, église rurale des environs
d'Uzès. Une métairie de la commune d'Uzès garde encore le nom de cette
église.

(4) Le prieuré de *Saint-Julien-de-la-Calmette*, quoique uni au chapitre
de Nîmes, faisait partie du diocèse d'Uzès. C'est à titre de prieur de la
Calmette que le précenteur de Nîmes, *Hermengaud Guyramand*, siège au
synode de 1470.

(5) Le prieuré régulier de *Saint-Pierre-de-Valence* était uni au chapitre
d'Uzès, et à la collation de l'évêque.

(6) Le prieuré de *Saint-André-de-Valabrègue*, possédé, en 1470, par
Jean de Banne, fut cédé par lui, en 1472, à son neveu *Guillaume de
Banne*. (*Notes de Sauv. André*, Arch. du Gard, E, 29, suppl, f° 9 v°.)
— Ce prieuré régulier était à la collation de l'évêque. — A l'église *Saint-
André-de-Valabrègue* étaient attachées, dès le xviiᵉ siècle, les fondations
suivantes : — 1° La chapellenie de *Notre-Dame*, fondée par Jean Roumy;
— 2° La chapellenie *Saint-André*, institution de 12 livr. 10 sous de rente
sur la ville de Valabrègue, pour le capital de 200 livres donné à l'église

sive syndici cleri civitatis et diocesis Uticensis ; venerabiles et religiosi viri domini *Andreas de Posqueriis*, canonicus dictæ cathedralis Uticensis ecclesiæ, et prior de *Gaudiaco* (1) ; *Gregorius Nicolay*, canonicus dictæ cathedralis ecclesiæ et prior *Sancti-Victoris-de-Costa* (2) ; *Franciscus Pelegrini*, canonicus dictæ cathedralis ecclesiæ et prior *Sancti-Pauleti* (3) ; *Anthonius Boysserii*, canonicus dictæ cathedralis ecclesiæ et prior *Sancti-Privati-de-Veteribus* (4) ; *Johannes de Genolhaco*, canonicus dictæ cathedralis Uticensis ecclesiæ et

dud. lieu par *Andrée Blanchère*, veuve du capitaine *de La Croix* ; — 3º Le légat-pie fondé par Mre *Claude Bonfils* ; — 4º La chapellenie *Sainte-Catherine* ; — 5º La chapellenie *Saint-Michel* ; — 6º La chapellenie *Saint-Antoine* ; — 7º La chapellenie *Saint-Pierre*.

(1) Le prieuré régulier de *Saint-Théodorit-de-Gaujac* était à la collation du prévôt du chapitre d'Uzès. — Il existe, sur le territoire de la commune de Gaujac, une ancienne église rurale du nom de *Saint-Saturnin*. M. Dupuy, instituteur à Gaujac, y a relevé l'inscription suivante, communiquée à l'Académie du Gard, dans la séance du 26 mars 1864, par M. Léon Alègre, de Bagnols, membre non-résidant : — D. M. — L. TACITI. SEVERI — L. TACIT. IANVARIVS — L. TACIT. SEVERINVS — L. TACIT. SEVERVS — FIL. PATRI — OPTIMO.

(2) Le prieuré régulier de *Saint-Victor-de-la-Coste* était uni au chapitre cathédral d'Uzès.

(3) Le prieuré régulier de *Saint-Paulet-de-Caisson* était à la collation du prévôt. Le chanoine *François Pélegrin* avait fondé, dès 1461, dans l'église dont il était prieur, une chapelle où il avait fait mettre l'inscription suivante en lettres gothiques : *Anno domini. mº. ccccº. lxjº. — fecit dominus Franciscus Pelegrini — canonicus Uticensis hedifficare presentem capellam.* Ses armoiries sont au dessus : *Un écu écartelé, au 1 et au 2, d'azur à un épi de blé d'or ; au 3 et au 4, d'azur à une coquille d'or.* La pierre qui porte cette inscription et ces armes a été retrouvée récemment par mon excellent ami et savant confrère, M. Henri Révoil, architecte des monuments historiques, chargé des travaux de reconstruction partielle et d'agrandissement qui s'exécutent, en ce moment, à l'église de Saint-Paulet-de-Caisson. — Les Pélegrin, seigneurs de la Bastide-d'Orniols et de Goudargues, étaient une des bonnes familles du diocèse d'Uzès. (Voir *Arm. de la Noblesse de Lang.*, *Génér. de Montpellier*, par Louis de La Roque, t. 1, p. 392.)

(4) Le prieuré régulier de *Saint-Privat-des-Vieux*, uni au chapitre d'Uzès, était à la collation de l'évêque. Ce prieuré était possédé, en 1552, par Nicolas Ranchin. (*Notes de Vidal Mercier*, E, 34, suppl., fº 72 rº).

prior *Sancti-Laurencii-de-Verneda* (1); *Galcermus Alamons*, canonicus dictæ cathedralis ecclesiæ et prior de *Coliaco* (2) ; *Nicolaus Lhauterii*, canonicus dictæ cathedralis ecclesiæ et prior de *Streyranicis* (3) ; *Johannes de Putheo*, canonicus dictæ cathedralis ecclesiæ et prior de *Colonicis* (4) ; *Anthonius Pelegrini*, canonicus dictæ cathedralis Uticensis ecclesiæ et prior de *Valle-Aqueria* (5) ; *Stephanus Azani*, canonicus dictæ cathedralis Uticensis ecclesiæ et prior de *Alzono* (6) ; *Ægidius de Vinhali*, canonicus ecclesiæ *Sancti-Nicolay-de-Campanhaco* et prior de *Bordico* (8) ; — Nec non

(1) *Saint-Laurent-de-la-Vernède*, prieuré régulier appartenant au chapitre d'Uzès, était à la collation du prévôt de ce chapitre. Il y existait une chapellenie du titre de S. Etienne.

(2) Le prieuré de *Saint-Vincent-de-Colias*, uni, comme le précédent, au chapitre cathédral, était aussi à la collation du prévôt. Cette église possédait plusieurs fondations. Les deux chapellenies unies de *S. Pierre* et de *S. Paul*, dont les consuls de Colias étaient juspatrons, étaient à la nomination de l'évêque d'Uzès. — Il y avait, en outre, une chapellenie du titre de *S. Jean-Baptiste* foundée par Mre Etienne Chambon, prêtre, le 12 avril 1411. (*Notes d'Hector Garidel*, E, 45, fᵒ 366 vᵒ). — Gaucelme Alamons était encore prieur de Colias en 1472. (Voir *Not. de Sauv. André*, Arch. du Gard, E, 29, suppl., fᵒ 10 rᵒ ; — et c.-après, nᵒ VIII, 1). Il mourut en 1483 (*Not. de Sauv. André*, E, 32, fᵒ 18 rᵒ).

(3) Le prieuré régulier de *Saint-Gérard-d'Estézargues*, uni au chapitre d'Uzès, était à la collation du prévôt de ce chapitre.

(4) Le prieuré régulier de *Saint-André-de-Colorgues* était à la collation du prieur de *Saint-Nicolas-de-Campagnac*, qui y nommait d'ordinaire un de ses chanoines. En 1470, c'est un chanoine du chapitre d'Uzès qui le possède ; en 1482, c'est un chanoine de Saint-Nicolas, nommé *Jean de Nîmes*, qui en est titulaire. Ce Jean de Nîmes assiste, le 10 décembre de cette année 1482, dans la cathédrale de Nîmes, à la prestation de serment de l'évêque Jacques de Caulers (Ménard, t. IV, p. 6 ; Preuves, p. 18, col. 2 et 19, col. 1).

(5) Le prieuré de *Saint-Julien-de-Valliguière* était à la collation de l'évêque d'Uzès. Le chanoine *Antoine Pélegrin* était sans doute le frère de François Pélegrin, prieur de Saint-Paulet-de-Caisson (Voir ci-dessus).

(6) Le prieuré régulier de *Saint-Pancrace-d'Auzon* était de la collation de l'évêque d'Uzès. Nous trouvons, en 1532 (*Notes de Vid. Mercier*, E, 34, suppl., fᵒ 290 rᵒ), ce prieuré mis sous l'invocation de S. Privat : *Prioratus Sancti-Privati-Alzonis, secus Sanctum-Ambrosium.*

(7) Le prieuré *Saint-Jean-de-Bourdic* était uni au monastère de Saint-

venerabiles viri domini *Johannes de Ylice*, prior *Sancti-Jo-hannis-de-Valleriscle* (1); *Anthonius de Campo-Massanèssio*, prior de *Guajanis* (2); *Durantus Carbonelli*, prior de *Domessanicis* (3); *Anthonius Santonis*, prior de *Tharaucio* (4); *Johannes Boneli*, prior de *Ornacho* (5); *Bernardus de Manso*, prior *Sancti-Privati-de-Campoclauso* (6); *Ludovicus Cadayne*, prior de *Cavilhanicis* (7); *Simon Buensoni*, prior de *Rossono* (8); *Robertus Vernicii*, prior *Sancti-Baudilii-ultra-Gardonem* (9); *Johannes Desen*, prior de *Foyssaco* (10); *Stephanus de Noalhaco*, prior de *Vallecrosa* (11); *Bernardus Rollandi*, prior de *Fontibus-ultra-Gardonem* (12); *Bernardus*

Nicolas (V. ci-dessus, p. 20, note 3 et p. 3). Il y avait à Bourdic une chapellenie du titre de *S. Louis*, fondée par Aymon Audibert.

(1) Le prieuré séculier de *Saint-Jean-de-Valleriscle* était, au xvii° siècle, à la collation de l'évêque d'Uzès et à la présentation de madame de Portes.

(2) Le prieuré séculier de *Notre-Dame-de-Gajans* était à la collation de l'évêque d'Uzès.

(3) *Saint-Etiehne-de-Domessargues*, prieuré simple, à la présentation de l'abbesse do *Saint-Sauveur-de-la-Font-de-Nimes*, et à la nomination de l'évêque d'Uzès.

(4) Le prieuré séculier de *Saint-Georges-de-Tharaux* était à la collation de l'évêque.

(5) Sur le prieuré simple de *Saint-Pierre-d'Orgnac*, dont l'évêque d'Uzès était collateur, voir ci-dessus, p. 79, note 7.

(6) *Saint-Privat-de-Champclos* était un prieuré séculier à la collation de l'évêque. Au xvii° siècle, le baron d'Avejan avait, ou du moins prétendait avoir, le droit de présentation.

(7) Le prieuré de *Saint-Pierre-de-Cavillargues*, de la collation de l'évêque, possédait, au xvii° siècle, deux chapellenies : celle de *S. Pierre*, fondée par M⁺° Simon Anglejan, et celle de *Notre-Dame*.

(8) *Saint-Martin-de-Rousson*, prieuré séculier, à la collation de l'évêque.

(9) *Saint-Bauzély-en-Maigoirès*. Nous ignorons quel était le collateur de ce prieuré.

(10) Le prieuré simple de *Saint-Eusèbe-de-Foissac* était à la collation de l'évêque (Voir *Notes de Sauv. André*, E, 32, suppl., f° 66 v°).

(11) *Notre-Dame-de-Valcrose*, prieuré séculier à la nomination de l'évêque d'Uzès.

(12) Le prieuré séculier de *Saint-Saturnin-de-Font-outre-Gardon*, conféré par l'évêque, possédait, au xvii° siècle, une chapellenie du titre de *Notre-Dame*, fondée par M⁺° Jean Trenquier, prêtre.

Broche, prior *Sancti-Bricii* (1) ; *Bertrandus Roselli*, prior *Beatæ-Mariæ-de-Brucyssio* (2) ; *Johannes de Luco*, prior de *Montillis* (3) ; *Nicolaus de Castro*, prior de *Sauzeto* (4) ; *Johannes Tophani*, prior de *Vaqueriis* et de *Sancto-Justo* (5) ; *Anthonius de Fabrica*, prior de *Meyranis* (6) ; *Johannes Germani*, prior de *Ripperiis* (7) ; *Johannes Clavelli*, prior de *Brinhono* (8) ; *Philippus Blondeti*, prior de *Montanhaco* (9) ; *Anthonius de Arbore*, prior de *Salindris* (10) ; *Vitalis de Cruce*, prior *Sancti-Maurisii-de-Casis-veteribus* (11) ; *Petrus de Rivomalo*, prior de *Mannassio* (12) ; *Guilhermus Agerii*, prior de *Subrano* (13) ; *Jacobus Brunenqui*, prior *Sancti-Ste-*

(1) Le prieuré simple de *Saint-Brès*, près Saint-Ambroix, était également de la collation de l'évêque.

(2) *Notre-Dame-de-Brueys*, prieuré séculier, porte quelquefois le titre de *Saint-Pierre-de-Brueys*. — *Beneficium Beati-Petri-de-Brueyssio* (1484. *Notes de Sauv. André*, E, 32, suppl., f° 74, v°. — *Parrochia Sancti-Petri-de-Brueyssio*, Utic. dioc. (1532. *Notes de Vidal Mercier*, E, 34, suppl., f° 54 r°).

(3) Le prieuré simple de *Saint-Sauveur-de-Monteils* était à la collation de l'évêque.

(4) *Saint-André-de-Sauzet*, prieuré simple, à la collation de l'évêque d'Uzès. — Sauzet devint, au xviie siècle, le chef-lieu d'un des neuf doyennés du diocèse.

(5) Sur *Saint-Just-de-Berthanaves* et *Notre-Dame-de-Vaquières*, son annexe, voir plus haut, p. 77, notes 10 et 11, n° iii des *Pièces justific.*

(6) Sur le prieuré de Meyrannes, voir ci-dessus p. 77, note 9, n° iii des *Pièces justif.*

(7) Le prieuré simple de *Saint-Privat-de-Rivières* était à la présentation de madame de Portes et à la collation de l'évêque (V. ci-dessus, p. 78, note 10, n° iii des *Pièces justif.*) — Cette église possédait deux chapellenies : l'une sous le titre de *Notre-Dame*, l'autre sous celui de *S. Thomas*.

(8) *Saint-Paul-de-Brignon*, prieuré séculier à la collation de l'évêque.

(9) Le prieuré de *Saint-Cosme-et-Saint-Damien-de-Montagnac*, était simple et séculier, à la collation de l'évêque. Il eut, plus tard, pour annexe celui de *Mauressargues* (V. ci-dessus, p. 77, note 3).

(10) Nous ignorons le vocable de ce prieuré.

(11) *Saint-Maurice-de-Casesvieilles*, prieuré séculier de la collation de l'évêque.

(12) Le prieuré simple de *Saint-Martin-de-Mannas*, de la collation de l'évêque, possédait, au xviie siècle, un légat-pie fondé par Mre Jean de Sermet, prêtre.

(13) Le prieuré de *Sainte-Agathe-de-Sabran* fut plus tard uni au *Cha-*

phani-de-Sermentinis (1) ; *Petrus Autaronis* , prior de
Aveiano (2), diocesis Uticensis, majorem et saniorem partem
dictæ sanctæ synodi repræsentantes, omnes insimul et qui-
libet ipsorum in solidum , quathinus infrascripta tangunt
aut in futurum tangere possunt, certi et certiffcati (ut as-
seruerunt) de quadam causa pendente indecisa , in suprema parlamenti Tholosæ curia , et coram metuendissimis
dominis ejusdem , inter reverendum in Christo patrem et
dominum dominum *Johannem de Maruelhio* , miseratione
divina Uticensem episcopum, et procuratorem sive syndicum
cleri civitatis et diocesis Uticensis , ad causam certæ pecu-
niæ summæ per dictum dominum Uticensem episcopum a
dictis prioribus seu rectoribus beneffciorum seu ecclesiarum diocesis Uticensis, exhigi, levari et exsolvi procurandæ,
occasione visitationis ultimate per dictum dominum Uticensem episcopum seu ejus vicarium factæ, ratiffcando ,
emologando et confirmando primittus et ante omnia uni-
versa et singula acta et gesta in dicta causa, deppendenciis,
emergenciis et connexis ex eadem, per venerabilem et egregium virum magistrum *Vitalem Jordani* , procuratorem
ipsorum in dicta suprema parlamenti Tholosæ curia, gratis,
bona fide ac citra procuratorum per ipsos alias constitu-
torum revocationem , de novo fecerunt, constituerunt et
solemniter ordinaverunt suos veros, certos , legitimos et in-
dubitatos procuratores, actores, factores, sindicos et negociorum infrascriptorum gestores, speciales et generales, ita
tamen quod specialitas generalitati non derroget nec contra,
videlicet venerabiles et egregios viros et magistros *Vitalem
Jordani, Thomam Reynelli, Albanum Fayni , Vitalem Favo-
nis, Vitalem Langlada* , jurisperitos, advocatos et procura-

---

pitre de Tresques , collége de quatre prôtres, fondé, au xvi° siècle , par le
seigneur de Tresques. Il fut dès lors à la présentation du chapitre de Tresques et à la collation de l'évêque.

(1) *Saint-Etienne-de-Sermentin* , prieuré simple à la nomination de
l'évêque.

(2) Le prieuré séculier de *Saint-Pierre-d'Avejan* était à la collation de
l'évêque. A ce prieuré était attachée, dès le xvii° siècle, une chapellenie,
du titre de *S. Sébastien* , fondée par André Verdel et Cyrice Bompard.

tores in metuenda parlamenti Tholosæ curia, absentes tam-
quam præsentes, et eorum quemlibet in solidum, specialiter
et expresse ad comparendum , pro dictis constituentibus et
eorum nominibus, in dicta metuenda parlamenti curia et
coram metuendissimis dominis ejusdem, in dicta causa
(sicut præmittitur) pendente indecisa, deppendenciisque,
emergenciis et connexis ex eadem, requestam, requestas
ac eciam supplicationes dandum, de calumpniâ ju·andum et
alias faciendum, prout ipsimet constituentes facere possent,
si in præmissis personaliter interessent, et quæ causarum
et negociorum merita requirunt; eciam, si talia essent
quæ mandatum exhigerent magis speciale sive generale;
cum potestate substituendi unum vel plures procuratorem
seu procuratores qui eamdem vel similem habeant potestatem, et cum vel eos, si necesse fuerit, destituere; relevan-
tes dicti constituentes relevatosque esse volentes dictos
suos procuratores, substituendum seu substituendos ab eisdem seu eorum altero, ab omni onere satisfaciendi. Promi-
seruntque ulterius dicti constituentes dictis suis procuratoribus absentibus, me notario infrascripto, ut publica
persona, stipulante et recipiente vice.et nomine illius seu
illorum cujus seu quorum interest, intererit aut in futurum
interesse poterit, se ratum, gratum et firmum perpetuo
habituros omne id et quidquid per dictos procuratores,
substitutos seu substituendos ab eisdem seu eorum altero,
actum, dictum, procuratumve fuerit quomodolibet sive ges-
tum, judicioque cisti (1) et judicatum solvi cum suis clausulis universis, constituentes fidejussores et pariter pacta-
tores pro præmissis; sub obligatione et yppotheca expressa
bonorum suorum, mobilium et immobilium, præsentium et
futurorum, cum et sub omni juris et facti renuntiatione ad
hæc necessaria, pariter et cauthela. De quibus omnibus,
universis et singulis, domini constituentes supradictis magistris dictis suis procuratoribus fieri voluerunt et concesserunt
publicum instrumentum seu publica instrumenta per me
notarium infrascriptum. Acta et publice recitata fuerunt
hæc ubi supra; præsentibus venerabilibus et discretis viris

(1) Lege : stiti.

domino *Philipo de Campis*, in legibus baccallario; *Nicolao Jennequini* (1), *Stephano Planuolis*, notariis publicis,
habitatoribus *Uceciæ*, testibus ad præmissa vocatis; et me,
S. Andreæ, notario. — (*Notes de Sauv. André*, E, 27,
suppl., fº 65 rº).

VIII.

Actes relatifs à Jean de Laudun, prieur commendataire de
Saint-Nicolas.

1. — 25 *juin* 1472. — *Instrumentum reverendi in Christo
patris et domini domini Johannis, miseratione divina Uticensis episcopi.* — Anno Domini. M. IIIIᶜ. LXXIIᵒ. et die vigesima quinta mensis junii, personaliter constitutus honorabilis vir magister *Teobaldus Maleti*, in decretis baccallarius,
procurator et nomine procuratorio reverendi in Christo patris et domini domini *Johannis*, miseratione divina Uticensis
episcopi, requisivit reverendum patrem dominum *Johannem de Lauduno*, administratorem perpetuum ecclesiæ
Sancti-Nicolay-de-Campanhaco, diocesis Uticensis, quathenus homatgium et sacramentum fidelitatis præstare habeat
dicto domino Uticensi episcopo, prout tenetur et prædecessores sui facere consueverunt, protestando, in casu re-
cusationis, de pœnis juris et de utendo jure suo. Et dictus
dominus *Johannes de Lauduno*, commendatarius prædictus,
protestatur quod, tanquam prothonotarius domini nostri
Papæ, non intendit præstare homatgium neque sacramentum fidelitatis; sed solum et dumtaxat edocto et constito
quod facere prædicta per dictum procuratorem requisita te-

(1) Le notaire Nicolas Jennequin mourut en 1483; et, comme il était
étranger, probablement italien, tous ses biens revinrent, en vertu du droit
d'aubaine, à la couronne. Louis XI en fit cadeau à son chambellan Etienne
de Vest, par une donation en date du 24 juin 1483, qui a été retrouvée,
il y a quelques années, dans les archives d'un village de l'Hérault, par
mon honorable ami M. Germain, le savant doyen de la faculté des lettres
de Montpellier. — Voir dans le recueil de ses *Mélanges académiques d'histoire et d'archéologie*, t. II, un opuscule intitulé : *Donation inédite de
Louis XI en faveur d'Etienne de Vest.*

8

neatur, ea facere se obtulit hinc ad diem octavam et vicesi
mam. Et interim de quibus petiit instrumentum. Actum in
loco de *Coliaco*, in castro domini *Montisfalconis*, præsentibus : venerabili et religioso viro domino *Galcermo Alamons* (1), canonico, priore de *Coliaco* ; venerabilibus viris
dominis *Folqueto Odini*, priore *Sancti-Marcelli-de-Carayreto* (2), diocesis Uticensis ; *Johanne de Massano*, prior
loci de *Brigidis*, servitore dicti domini *Johannis de Lauduno* ; et me, *S. Andreæ*, notario regio, qui de præmissis
requisitus notam recepi.

2. — 28 *juin* 1472. — Deinde, anno quo supra et die
.xxviiiᵃ. mensis junii, apud civitatem Uceciæ, reperto dicto
domino *Johanne de Lauduno*, commendatario perpetuo ecclesiæ prædictæ *Sancti-Nicolay-de-Campanhaco*, dictus
magister *Theobaldus Maleti*, procurator prædictus, requisivit eumdem dominum commendatarium perpetuum, prout
supra, et dictus commendatarius requisivit, ut supra,
dictum procuratorem edocere de hiis quæ facere tenetur ; et
dictus procurator se obtulit, in domo officialatus, tempore
unius horæ. De quibus etc. Actum Uceciæ in domo sive castro (3) domini *Montis-Falconis*, præsentibus : venerabili viro
domino *Duranto Girini*, in legibus baccallario ; discretis
viris magistris *Johanne Avinhionis, Leodegario Borraffini*,
notariis ; *Stephano de Podio*, textore, Uceciæ ; et me, *S.
Andreæ*, notario.

3. — *Même jour*. — Adveniente hora assignata, in domo
officialatus, dictus dominus procurator præsentat dicto do

(1) Sur *Gaucelme Alamons*, voir ci-dessus, p. 108, note 2.

(2) Sur *Saint-Marcel-de-Carreiret*, v. ci-dessus, p. 77, note 6. — Ce
prieuré était à la collation de l'évêque d'Uzès.

(3) C'est sans doute ce *castrum* ou cet *hôtel*, que les Laudun de Montaucon avaient dans l'intérieur d'Uzès, qu'on appelait *les Tours* ; c'est de là
que *Guillaume de Montfaucon* écrit à son viguier *Froment* le billet cité
plus haut, p. 94, et qui se termine par cette clausule : « Escrit as
Tors ».

mino commendatario perpetuo quoddam instrumentum transactionis passatum inter prædecessores dictorum domini Uticensis episcopi et *Sancti-Nicolay-de-Campanhaco ;* in quo instrumento cavebatur qualiter prior *Sancti-Nicolay-de-Campanhaco* dicto Uticensi episcopo homatgium et sacramentum fidelitatis præstare tenebatur. Lecto in præsencia dicti domini commendatarii, de verbo ad verbum, per magistrum *Philipum Le Monoyer*, dicto instrumento, in notam recepto per magistrum (1)   , notarium, sub anno Domini millesimo (1)   . Qua fide facta et constito de prædictis, idem procurator requisivit prout supra. Et dictus dominus prior seu commendatarius peciit copiam dicti instrumenti sibi concedi, cum intendat deliberare cum canonicis capituli *Sancti-Nicolay.* Dictus procurator respondit quod non tradet copiam, sed veniant domini canonici et prior Uceciam, et eis, per spatium quatuor aut quinque horarum, tradetur originale, petens ut supra. Et dictus dominus prior seu commendatarius respondit ut supra. De quibus etc. Actum in domo officialatus ; præsentibus venerabilibus viris dominis *Duranto Girini*, in legibus baccallario ; dictis magistris *Borraffini* et *Avinhionis*, notariis ; *Johanne Corderii* ; venerabilibus viris dominis *Philippo de Campis*, in utroque jure baccallario ; *Firmino Cavalerii*, thesaurario dicti domini Uticensis episcopi, testibus ad præmissa vocatis ; et me, *S. Andreæ*, notario. (*Notes de Sauv. André*, E, 29, suppl.)

IX.

Olivier de Montfaucon, prieur de Saint-Nicolas.

23 octobre 1478.

Arrendamentum montaneæ Sancti-Nicolay-de-Campanhaco. — Anno Domini millesimo. IIIIᶜ. LXXVIIIᵒ. et die. XXIII. mensis octobris, personaliter constitutus nobilis *Anthonius de Montefalcone*, dominus de *Fereyrolis*, renderius beneficii

(1) Ces passages sont restés en blanc dans l'acte.

Sancti-Nicolay-de-Campanhaco, sibi arrendati per venerabilem virum dominum *Oliverium de Montefalcone*, ejus fra-
trem, priorem dicti beneficii, prout de dicto arrendamento
constare asseruit instrumento publico in notam sumpto et
recepto per magistrum *Johannem Avinhionis*, condam notarium Uceciæ, sub anno et die in eodem contentis, arrendavit et titulo arrendamenti tradidit *Poncio Audemaris*, alias
Boy, de *Coliaco* et *Johanni Pagesii*, clerico, renderio beneficii de *Senilhaco*, præsentibus, stipulantibus, etc. Videlicet herbatgia jusque depascendi et explechandi devesiorum montaneæ *Sancti-Nicolay-de-Campanhaco*, dictorum
vulgariter *Montplan, lo Miech-Carton, lo Petit-Deves-citra-
Gardonem, los Castels-Berrias* et *las Milhenses*, ad tempus
unius anni proxime futuri, incipiendi in medio mensis maii
et in simili die finiendi, anno revoluto; precio dicti arrendamenti centum decem librarum turon. Quodquidem precium
ex. lib. tur. solvere promiserunt per soluciones sequentes:
Videlicet, nunc de præsenti, duodecim libras turon., quas
ipse nobilis *Anthonius* habuisse et realiter recepisse in pe-
cunia aurea confessus est et recognovit, et de eadem summa
ipsos et suos quictat etc. cum pacto etc.; hinc ad festum
beati Martini proximum, decem libras turon.; hinc ad festum beati Andreæ proximum, alias decem libras turon. Item
in festo beati Andreæ proximo, medio mensis maii, .xxvi.
libras tur. Restam vero restantem in fine dicti arrendamenti
cum expensis etc. Cum pacto quod renderius beneficii *Sancti-
Nicolay* possit immittere in dictis devesiis animalia mulativa,
prout est fieri consuetum. Item plus fuit de pacto quod, si
ipsi *Pontius* et *Johannes* vellent recuperare summam. xxxii.
lib. tur. per ipsos solutam, ipsa summa reperiatur in medio
mensis maii de pecuniis debitis ipso domino per *Anthonium
Roque*, de *Vico*, occasione arrendamenti devesiorum dictæ
montaneæ, quod idem possint et valeant sine conditione
quacumque, et ipsi receptam ipsam summam centum et
decem libr. turon. solvere teneantur per solutiones sequentes: in festo beati Andreæ proxime futuro, medietatem
dictæ summæ; et aliam in fine dicti arrendamenti. Exceptioni etc. Dans etc. Constituens etc. Immittens in pocessionem per tactum manuum. Pro quibus tenendis, dictæ partes,

una penes aliam et e converso, mutuis hin   de stipulationibus intervenientibus, obligaverunt bona, præsentia et futura, viribus curiarum parvi sigilli regii Montispessulani, Conventionum regiarum Nemausi etc. regiæ Uzetici et dominorum Uceciæ. Promiserunt, juraverunt, renunciaverunt etc. De quibus etc. Actum in claustro loci de *Senilhaco*. Præsentibus: venerabili viro domino *Guillermo Nicolay*, presbitero *Sancti-Nicolay-de-Campanhaco*; *Petro Levati*, *Sancti-Genesii-de-Mediogoto*; *Marco Jausuoni*, clerico, de *Senilhaco*, testibus ad præmissa vocatis; et me, *S. Andreæ*, notario. (*Notes de Sauv. André*, E, 31, suppl.)

X.

Actes et extraits d'actes relatifs à la famille de Laudun.

I. Guillaume de Laudun,

Seigneur de Montfaucon, chevalier, juge-mage et lieutenant du sénéchal de Beaucaire et de Nîmes (1).

11 avril 1356. — Ordonnance de Guillaume de Laudun, prescrivant au viguier et au juge de Nimes de faire certaines défenses aux consuls de lad. ville touchant le mode de procéder à la reddition des comptes de plusieurs anciens consuls, leurs prédécesseurs. — (*Arch. mun. de Nîmes*, B, 1, n° 25.)

(1) La *Gallia Christiana* (t. vi, *Instr.*, col. 311) donne tout au long un acte d'après lequel un *Guillaume de Laudun*, co-seigneur d'Uzès, comme fils et procureur de son père, *Huguet de Laudun*, seigneur de Montfaucon, sénéchal de Beaucaire et de Nîmes, aurait, en 1459, fait hommage et prêté serment de fidélité à *Gabriel du Chastel*, évêque d'Uzès, pour tout ce qu'il possédait à Uzès, à Colias, à Argilliers, etc. — Cet acte est évidemment falsifié : 1° il n'y a jamais eu de sénéchal du nom de *Huguet de Laudun*; 2° *Guillaume de Laudun*, lieutenant du sénéchal, qu'on aurait pu confondre avec son père, n'a occupé cette charge que de 1354 à 1361; il n'a donc pu être en relation avec *Gabriel du Chastel*, qui ne monta sur le siége d'Uzès qu'un siècle plus tard.

II. François de Laudun, écuyer.

15 septembre 1461. — *Lettre du sénéchal de Beaucaire et de Nîmes, Bernard d'Oms, chargeant François de Laudun de mettre Jean de Château-Verdun, dit de Sainte-Camelle, en possession de la viguerie de Bagnols.* — *Bernardus d'Oms,* scutiffer scutifferiæ domini nostri Regis, ejusque senescallus Bellicadri et Nemausi, etc. Nobili viro *Francisco*, domino de *Iauduno* et scutiffero, comisimus et subrogavimus, prout et per præsentes comictimus et subrogamus, vices nostras, quoad hæc, totaliter eidem comitendo. Hinc est quod vobis præcipimus et mandamus quathenus nobilem *Johannem de Castro-Verduno* (1), vicarium prædictum, in pocessionem corporalem dicti officii ponatis et immictatis. Mandantes et præcipientes omnibus et singulis justiciariis et officiariis, et aliis domini nostri regis subditis, quathenus in præmissis vobis pareant et efficaciter intendant. Datum *Parisiis*, sub signo nostro manuali et sigillo propriis. Præsentibus: Magistro *Guillermo Belleden*, judice curiæ comunis civitatis *Anicii* (2); *Johanne Grumon*, de *Valencennes;* et *Raymundo Marion*, habitatore dictæ villæ *Balneolarum*. Die decima quinta mensis septembris, anno Domini millesimo. cccc. sexagesimo primo. *Bernardus Doms.*

Anno Domini millesimo. iiij^c. lx^{mo}. primo, et die. xxviii. mensis septembris. Noverint universi Quod, apud *Balaeolas*, et in curia regia ejusdem villæ, existens nobilis et potens vir *Franciscus de Lauduno*, dominus ejusdem loci, virtute præsentis comissionis, immisit in pocessionem vicariæ regiæ *Balneolarum* et ejus ressorti, nobilem venerabilemque et circunspectum virum *Johannem de Castro-Verduno*, alias *de Sancta-Camella*, una cum emolumentis dictæ vicariæ consuetis, per traditionem præsentium litterarum ipsum investiendo, tollendo quolibet illicito detentore; ipsumque sedere fecit in sede regia dictæ curiæ, ubi solitum est se-

(1) *Château-Verdun*, commune du canton de Tarascon (Ariège).
(2) *Le Puy-en-Velay.*

dere per vicarium et judices Balneolarum pro tribunali , etc.
In præsentia nobilis et potentis viri domini *Johannis de Pancraciis*, habitatore *Balneolarum;* nobiliumque virorum *Iralet de Solagiis* (1); *Bigoti de Portu* , de *Lauduno;* magistri *Symonis Raymundi;* domini *Aguassii Bloti, Balneolarum;*
et plurium aliorum; et mei, *Artiffelli*, notarii. (*Reg.-copie
de Lettres-Royaux.* — Archives munic. de Nîmes, E, IV,
f° 108, r°.)

III. Hugues de Laudun,

Seigneur de Montfaucon, de Gissac et de las Cours,

11 décembre 1461. — *Pro domino de Loduno, scutiffero,
domino Montis-Falconis.* — Loys, par la grace [de Dieu]
Roy de France. Au premier huissier de nostre parlement ou
autre sergent qui sur ce sera requis, salut. L'umble supplication de nostre amé *Hugues de Lodun*, escuier, seigneur
de *Montfaucon*, de *Gissac* et de *lez Cours* (2) et de plusieurs
autres seigneuries assises en la séneschaussée de Beaucaire
et de Nismes, avons receue, contenent que lesd. seignories,
lesquelles il tient de nous à foy et hommaige, et fait les
devoiers à nous, et luy sont advenues par la succession,
disposition ou ordonnance de ces parens, affins et amis
trespassés ou autrement; sur plusieurs desquelles seignories lesd. prédécesseurs dud. suppliant, en leur temps, ne
firent continuelle résidence, ains furent régies et gouvernées par procureurs, accenseurs ou rentiers et officiers
commis ilec, qui furent petitement soigneux de garder et
conserver les droiz seigneuriaulx d'iceulx lieux; tellément
que, par ce moyen, et aussi à cause des guerres, divisions

(1) *Hérail de Soulages.* — La maison de *Soulages* est une des plus anciennes du Gévaudan (Voir L. de La Roque, *Armor. de Lang.*, t. I, p. 6).
— *Soulages* est aujourd'hui un hameau de la commune d'Auroux, canton
de Langogne (Lozère).

(2) Sur *Montfaucon, Gissac* et *las Cours*, voir ci-dessus p. 24, notes
2, 3 et 4.

et pestilences qui par long temps ont eu cors en ce royaume, les teriers, instrumens et autres enseignemens touchans lez droiz d'icelles seigneuries ont esté prins, soustraiz et raviz, et aussi s'est bouté le feu en plusiers hostelz d'icelles seignories, qui les a arz et bruslez ; et, les aucuns des habitans d'ilec mors et trespassés, n'y a à présent, en la plupart d'icelles seignories, que gens estrangiers venus d'ailleurs ilec hériter, et aucuns autres jeunes gens, par lesquels led. suppliant ne peut bonnement monstrer ne enseigner les droiz qu'il luy appartiennent à cause de sesd. seigneuries, au moins de la plus part d'icelles ; dont, à cette occasion, plusieurs desdits habitans se sont permis puis aucun temps en ça, et de jour en journ se permettent, de prendre, détenir et occupper lez biens, tant vaccans que autres, de la cofine et senhorie directe dud. suppliant, assis èsd. lieux, terres et seignories dessus déclarées, et à ce, de leur autorité privée, sans le voloir et congié dud. suppliant et de sesd. prédécesseurs, seigneurs d'iceulx lieux, et sans les vouloir recognoistre tenir de lui, et lui paier et satisfaire les droiz qu'il luy appartiennent, pour raison de sad. naturelle seigneurie et directe ; ne ne peut led. suppliant avoir rayson d'eulx. Car, quant il veult recouvrer et avoir par justice lesd. biens et droiz à lui appartenens, les decteteurs d'iceulx sont délayans et reffusans de ce fère, se led. suppliant ne leur monstre et enseigne clèrement comment lesd. choses prinses et occupées lui appartiennent ou se tiennent de luy et de sa naturelle et directe seigneurie ; jasoit ce qu'il soit seigneur desd. lieux (comme dit est) seul et pour le tout, ait juridiction haulte, basse et moyenne en iceulx, et soit à présumer que tous les fons desd. lieux, terres et seigneuries, sont siens, au moins de luy se tiennent en cense et seigneurie directe, actendu mesmement la coustume et privilége de ce royaume, que aucun ne peut tenir terre sans seigneur.... Pour ce est-il que nous, ces choses considérés, et que lesd. lieux, terres et seigneuries et leurs appartenences se tiennent de nous en foy et hommaige, lesquelx par ce se disminueroient, se provision ne y estoit sur ce donné ; Te mandons et comandons, par ces présentes, que tu fasses exprès commandement, de part nous, au jucge ou son lieutenent auquel la connoissance appartendra, que se , appellés ceulx qui pour ce seront à appeller, il luy appert led. suppliant estre seigneur desd. lieux de *Montfaulcon*, de *Gissac* et autres lieux, terres et seigneuries dont dessus est faicte mencion, et iceulx estre tenuz de nous en la manière dessusd., emsemble desd. guerres, et que plusieurs d'iceulx lieux aient en partie esté destruiz ou brulez, en la manière que dit est, il, ou dit cas, contraigne ou face contraindre, par toutes voyes deues et raysonnables, les tenenciers et dectenteurs desd. biens et fons, qui plus applain leur seront baillez par déclaraciou de la partie dud. suppliant, à monstrer et déclairer de qui ne soubz quelle seignorie, directe ou autre, ilz tiennent lesd. biens et fons, etc....

Mandons et commandons à toux nos justiciers, officiers et subgietz que à toy, en ce faysant, soit obéy. Donné à Tours, le onziesme jour de décembre, l'an de grace mil .cccc. soixante ung, et de nostre règne le premier. Par le Roy, à la relacion du conseil, *J. Pichon. (Registre-copie de lettres-royaux*. — Arch. munic. de Nimes, E, V, f° 173 r°.)

IV. Rostaing de Laudun, d'Uzès.

10 février 1486. — Noble *Rostaing de Laudun* arrente à *Jean Terme*, meunier, de *Garrigues* (1), « quoddam suum molendinum bladerium situm in ripperia *Alzonis....* ad tempus quatuor annorum.... precio cujuslibet anni. xij. libr. et. xv. solid. tur.... Actum in appotheca mei, notarii; præsentibus : *Johanne Pisani*, moynerio, *Uceciæ*; *Firmino de Campo*, de *Magmolena* (2); et me, *S. Andreæ*, not.

---

(1) *Garrigues*, réuni à *Sainte-Eulalie* (autrefois *Saintes-Ouilles*), forme aujourd'hui une commune du canton de Saint-Chapte. — Le prieuré de *Saint-Michel-de-Garrigues* était à la collation de l'évêque d'Uzès. — Une chapellenie avait été « fondée en lad. esglize, en l'honneur de *monsieur S. Bertrand* ». (*Insin. eccl. du dioc. d'Uzès*, Arch. du Gard, G, 29, suppl., f° xiii r°.)

(2) *Magmolena*, telle est l'orthographe constante de ce nom de lieu dans les registres des notaires du diocèse d'Uzès, du xv° et du xvi° siècle.

V. Raymond de Laudun,

Chanoine et aumônier de l'église cathédrale d'Uzès et prieur de
Saint-Sylvestre-de-Sagriès.

10 juillet 1532. — Compromis entre *Raymond de Laudun*,
d'une part, et *Louis Evesque* et *Raymond de Vie*, prêtres,
rentiers du bénéfice de *Sagriès*, d'autre part.... « Actum
Uceciæ, ante portam ecclesiæ magnæ Uceciæ. Testibus
præsentibus : *Johanne de Furno*, dict *Bassinié*; et *Johanne
de Rivo*, cadriguatore domini Præpositi, Uceciæ; et me,
Vitale Mercerii, not. regio. — (*Notes de Vidal Mercier*, Arch.
dép. du Gard, E, 34, suppl., f° 44 v°).

19 juillet 1532. — Accord entre *Raymond de Laudun*,
d'une part, et *Louis Evesque* et *Raymond de Vie*, d'autre....
« Actum *Uceciæ*, ante ecclesiam *Beatæ-Mariæ-Novæ* Uceciæ.
Testibus præsentibus : Venerabili viro domino *Nicolao Ranchini*, presbitero et priore *Sancti-Privati-de-Veteribus*; domino *Anthonio Roure*, presbitero, *Sancti-Maximini*...; et
me, *Vit. Mercerii*, not. regio. — (*Ibid.*, f° 51 v°).

17 novembre 1532. — Quittance faite par led. *Raymond
de Laudun*, aux mêmes, de tout ce qu'ils lui devaient à raison de son bénéfice de *Sagriès*. — (*Ibid.*, fol. 192 r°).

VI. Olivier de Laudun, licencié ès-lois.

28 novembre 1532. — *Olivier de Laudun* arrente à *Pierre
Nouel*, tisserand, d'Uzès, « domum in qua de præsenti ha-
bitat, ad tempus unius anni, precio et nomine precii sex
florenorum.... Actum Uceciæ, in domo dicti domini *Olivarii
de Lauduno*. Testibus præsentibus : *Matheo Ezbrayati* et
Johanne Malarobe, Uceciæ. — (*Ibid.*, f° 136 r°).

L'orthographe actuelle, *Masmolène*, est donc mauvaise; la plus rationnelle
serait *Mammolène*.

VII. Nicolas de Laudun,

Notaire d'Uzès et procureur pour le roi dans l'Uzége.

27 octobre 1532. — Donation faite par *François Peytavin*, fils de feu *Pierre*, de la ville d'Uzès, à *Nicolas de Laudun*, notaire, de tous les droits, actions et revendications que led. *Peytavin* pourrait avoir sur les terres et possessions aliénées par lui et par son père. — (*Ibid.*, fol. 175 r°).

VIII. Robert de Laudun, aumônier du roi.

24 octobre 1566. — *Lettres de dimissoires pour Mre Robert de Laudung.* — *Jacobus de Fara*, in decretis graduatus, *Sancti-Petri-de-Meyrosio*, Nemausensis diocesis, [prior, et loci de *Bastida-d'En-Gras*, Uticensis diocesis, in solidum dominus, reverendi in Christo patris et domini domini *Joannis de Suncto-Gelasio*, Dei et Sanctæ Sedis Apostolicæ gracia Uticensis episcopi, in spiritualibus et temporalibus vicarius generalis, Dilecto nobis in Christo *Roberto de Laudun*, filio quondam domini *Nicollai de Laudun*, procuratoris regii *Uceciæ* et *Uzetici*, Uticensis diocesis, in Domino salutem. Ut a quocumque domino antistite catholico, graciam Sanctæ Sedis Apostolicæ obtinente et ab ordinationum executione non suspenso, quem adire maluerit, possit et valeat de caractere et milicia clericalibus insigniri et agregari, et primam clericalem tonsuram in Domino suscipere, præsentium tenore, licentiam damus et impartimur, dum tamen ad hoc ydoneus repertus fuerit. Datum *Uceciæ*, die vicesima quarta mensis octobris, anno Domini millesimo. v°. sexagesimo sexto. De Fara, vic. Sic concessum. *Barnoin*. (*Registre des Insin. eccl. du dioc. de Nimes*, Arch. dép. du Gard, G, 3, f° 140 v°).

24 mai 1567. — *Lettres de tonsure pour led. mre Robert de Laudun.* — *Felicianus Capitonus*, Dei et Apostolicæ Sedis gracia archiepiscopus Avinionhensis, notum facimus uni-

versis Quod, in ecclesia nostra metropolitana Avinionhensi, ac sub dio sabbati vicesima quarta mensis maii , anni millesimi quingentesimi sexagesimi septimi, in feriis quatuor temporum post festum Penthecostes, juxta sacrorum canonum ordinationes, tenerrime dilecto nobis in Christo *Roberto de Lauduno*, filio *Nicolai de Lauduno*, civitatis Uticensis, ætatis legitimæ sufficienterque litterato, ac de legitimo matrimonio procreato, primam tonsuram contulimus in Domino clericalem, ipsumque militiæ clericali duximus aggregandum et aggregavimus. Datum *Avinione*, ubi supra, sub sigillo meo rotundo, anno et die prædictis Per præfatum reverendissimum dominum sic concessum. *Anastasii. (Ibid., f° 142 r°).*

2 septembre 1578. — *Lettres de degré de bachelier* in utroque jure, *pour led.* Mre *Robert de Lauduno*. — Universis et singulis præsentes litteras inspecturis *Petrus Bosci*, jurium baccallarius, canonicus ac archidiaconus de *Castris*, ecclesiæ cathedralis Montispessullani, collegiatus venerabilis collegii *Sanctæ Trinitatis* insulæ *Magalonæ*, rectorque almæ universitatis utriusque juris dicti *Montispessullani*, salutem in Domino, qui est omnium vera salus. Quia, ut ait *Seneca*, non reddas testimonium amicis, sed veritati ; Hinc est quod nos, plus veritate quam amicitia moti, verum perhibemus testimonium quod dilectus noster dominus *Robertus de Lauduno*, oriundus civitatis *Uticensis*, tanquam habilis, sufficiens et benemeritus ad baccallaureatus gradum in utroque jure, scilicet in jure canonico et in jure civili, fuit idoneus repertus, ipsumque baccallaureatus gradum in eisdem juribus canonico et civilli assumpsit sive recepit, anno et die infrascriptis, ipso prius examinato et idoneo comperto, sub reverendis patribus dominis *Stephano Ranchini* et *Anthonio Usille*, jurium professoribus acta regentibus, prout in libro baccallaureorum latius vidimus contineri. Quoque ipsius vitæ, moribus et sufficientiæ in eadem universitate laudabile perhibetur testimonium. Propter quod gaudet meritoque gaudere debet privilegiis, franchisiis, libertatibus, immunitatibus et prærogativis in eadem universitate studentibus, baccallariis et suppositis ejusdem,

tam per Sanctam Sedem Apostolicam quam regiam Ma-
jestatem concessis. Et ne a quocunque de præmissis valeat
hesitari, Nos, rector antedictus, has nostras præsentes tes-
timoniales litteras , per notarium et secretarium nostrum
et dictæ universitatis infrascriptum , fieri , sigillique dictæ
universitatis majoris, cum retro impressione minoris ipsius
appensione communiri jussimus. Datum in *Montepessulo*,
die secunda mensis septembris , anno Domini millesimo
quingentesimo septuagesimo octavo. Bosci, rector. *Ran-
chinus*, regens. *Usille*, regens. De dicti reverendi patris rec-
toris mandato , *C. Martini*, secretarius. —(*Ibid.*, f° 52 r°.)

16 septembre 1578. — Procuration donnée par mᵉ *Robert
de Lauduno*, bachelier ès-droictz, de la ville d'Uzès,... à mᵉ
Raymond de Lauduno, advocat dud. *Uzès* et son frère , et à
Loys de Serre, escuyer, *Laurent du Faure*, aussi escuyer, et
Pierre de Claret,.... pour faire insinuer ses lettres de bachelier ès-droictz et autres tiltres.... pardevant messieurs les
évesques d'*Uzès*, *Nismes* et *Viviers*,.... pour estre proveu des
benefflces vacants aulx moys des gradués et nommés.....
Faict et récyté en la ville du *Pont-Sainct-Esperit*, dans ma
botique. Présans à ce : *Mathieu Raoulx*, fils à feu *Nadal*,
du lieu de *Salazac*; *Jean Justamond*, de *Saint-Laurent-de-
Carnols*...., Et moy, *Anthoine Grimaldy*, not. royal, habitant
de la ville de *Sainct-Esperit*, soubzigné. —(*Ibid.*, f° 51 r°.)

31 janvier 1579. — *Lettres de temps d'estude de Paris
pour led. mᵉˢ Robert de Lauduno*. — Universis præsentes
literas inspecturis Rector et præclara Artium Facultas flo-
rentissimi studii Parisiensis salutem in Domino. Cum inter
ceteras facultates ipsa Artium Facultas sit prima et præ-
cipua veri indagatrix, cujus finis est verum a falso deser-
nere (1), multo magis convenit ut qui in eadem Facultate
doctores et professores sunt, abjecta omni personarum
acceptione, verum ac fidele de suis doctoribus, regentibus,
suppositis et alumnis perhibeant testimonium. Hinc est
quod Nos, scientiæ nostræ veri imitatores et fautores esse

(1) *Sic*; lego : *discernere*.

cupientes, omnibus et singulis quorum interest, tenore
præsentium, certificamus dilectum nostrum discretum virum
magistrum *Robertum de Lauduno*, nobilem, diocesis *Uticensis*, in Artibus magistrum, Parisiis studuisse in eisdem
Artibus per triennium cum tribus mensibus et ultra a logi-
calibus inclusive, ante adeptionem gradus magisterii, in
famatissimo collegio *Lexoviensi* (1), sub discreto viro magistro *Joanne de Lettres*, Artium magistro, acta Parisiis
tunc in eisdem Artibus et dicto collegio regente, hujusmodi : tres annos cum tribus mensibus, inceptos in festo divi
Remigii, prima die mensis octobris, anno Domini millesimo
quingentesimo septuagesimo quinto, finitos et revolutos
die tricesima prima et ultima mensis januarii, anno Domini
millesimo quingentesimo septuagesimo nono. In cujus rei
testimonium sigillum nostrum magnum præsentibus literis
duximus apponendum. Datum *Parisiis*, in nostra congregatione generalli apud *Sanctum-Jullianum-Pauperem* (2) solempniter cellebrata, anno Domini millesimo quingentesimo
septuagesimo nono, die tricesima prima et ultima mensis
januarii. LAFFITE.

18 mars 1570. — *Lettres de degré de maistre ez-artz
pour led. M*ᵣₑ *Robert de Lauduno.* — « .... Datum *Parisiis*,
in nostra congregatione generalli, apud *Sanctum-Mathuri-
num* solempniter celebrata, anno Domini millesimo quingentesimo septuagesimo nono, die decima octava mensis
martii. LAFFITE. (*Ibid.*, fº 52 vº).

12 mars 1582. — *Procuration pour led. M*ᵣₑ *Robert de Laudun.* — A tous ceulx qui ces présentes lettres verront, *Anthoine du Prat*, chevalier de l'ordre du Roy, sgr de *Nantal-
les*, de *Précy*, de *Regay* et de *Formeryes*, baron de *Thoury*
et de *Villeaux*, conseiller de sa majesté, son chambellain
ordinaire et garde de la prévosté de Paris, salut. Scavoir
aisons que, par devant *Marin du Boys* et *Jacques Chappel-*

(1) Le collége de Lizieux.
(2) Dans l'église de *Saint-Julien-le-Pauvre*.

lain, notaires du Roy nostre sire ou chastelet de Paris, feust présent vénérable personne Mre *Robert de Lauduno*, principal du collége de Narbonne fondé en l'Université de Paris, et maître ez artz en icelle, lequel a faict et constitué cuses procurs généraulx et spéciaulx, Mre *Raimond [de Lauduno*, advocat d'Uzès, son frère, et Mre *Jehan Chabroult*, du *Saint-Esperit*, *Guilhaume Bruc*, dud. Uzès. Auxquelz et chascung d'eulx seul et pour le tout led. constituant a donné et donne plain pouvoir et puissance de, pour luy et en son nom, présenter aux révérendz évêques d'*Uzès* et de *Nismes* ou leurs vicaires ou commis, et aux chappitres desd. esglizes d'*Uzès* et de *Nismes*, les lettres de degré de son estude et nomination dud. constituant, avec tradition de double d'icelles, si faict n'a esté par ses procureurs cy devant constitués, ensamble ses nom et cognom, en continuant les insinuations et nominations précédantes et requérir la collation et provision de tous benefîces et dignités qui vacqueront aux moys affectés aux gradués, les solempnités en tel cas requises, suyvant les sainctz decretz ; et, en cas de reffuz, avoir recours aux supérieurs, faire insinuer au greffe des insinuations ecclésiastiques desd. diocèses lesd. nominations, provisions, prinses de possession, temps d'estude, de tonsure, capacité, procurations et autres lectres et actes subjectes à insinuation suyvant le droit, et de tous requérir et demander acte, pour servir et valloir aud. constituant en temps et lieu ; et generallement d'aultant faire, dire, procurer et autrement négocier, en ce que dict est et qui en deppand, comme feroyt et fère pourroyt led. constituant, sy présant y estoit, jaçoyt que le cas requist mandemant plus spécial. Promettant led. constituant, en bonne foy, soubz l'obligation de tous ses biens, avoir pour agréable à tousjours tout ce que par sesd. procureurs et chascung d'eulx sera faict et procuré, en ce que dict et ce qui en deppand. En tesmoing de ce, nous, à la relacion desd. notaires, avons faict mettre ès présentes le scel de lad. prévosté de Paris.

Faict et passé, avant midy, en l'estude des notaires soubsignés, l'an mil cinq cens quatre vingtz deux, le lundi douziesme jour du moys de mars. *R. de Lauduno. du Boys. Chapellain. (Ibid.*, f° 143).

28 août 1591. — *Acte de prinse de possession de la doyenné en l'esglize collégiale de Sainct-Gilles pour led. sieur Robert de Laudun.* — L'an mil cinq cens quatre vingtz onze et le vingt huictieme jour du moys d'aoust avant midy, au devant la porte de l'esglize collegiale et abassialle de *Sainct-Gilles*, diocèze de *Nismes*, par devant monsieur m^{re} *Jehan Alhaud*, archediacre second en lad. esglize, s'est présenté Mr Mre *Robert de Laudun*, licencié en droict canon, de la ville d'*Uzès*, lequel a dict et expozé avoir esté proveu par nostre sainct Père le Pape du doyenné, chanonie, prébando en lad. esglize collegialle et abassialle et des deppandances et appartenances dud. doyenné, par résignation de Mre *Phelippes de Jamet*, dernier possesseur, comme a faict apparoir de sa provision par la signature, en datte du dixiesme de mars dernier, qu'il a presantée et baillée réallement aud. Mre *Alhaud*. Si l'a requis le voulloir mettre en possession realle, actuelle et corporelle dud. doyenné.... suyvant sad. provision. Led. Mre *Alhaud* a offert procéder ainsi qu'est mandé ; et, ayant prins par la main led. Mre *Robert de Laudun*,.... l'a mis en possession par l'antrée de lad. esglize et du reffétoir d'icelle, où ce faict a présant le divin service ; ayant faict son oraison au devant l'autel et par tradiction de lad. signature de ses provisions, que led. *Alhaud* a baillée et remise entre les mains dud. Mre *Robert de Laudun*, et autres solempnités requises et accoustumées, en la meilheure forme que faire se peult et doibt en semblables actes. Et led. Mre *de Laudun* a remercyé et requis acte luy en estre faict et expedié par moy notaire. Faict aud. *Sainct-Gilles*, dans lad. esglize, présans : Mre *Michel Bellon*, prebstre, curé en lad. esglize ; sire *Jehan Bergier*, habitant dud. *Sainct-Gilles* ; Mre *Mathieu Pierre*, praticien, de la ville d'*Arles* ; Mre *André Dumas*, notaire de la ville de *Nismes*, soubzsignés ; et moy, *Claude Pellet*, notaire royal dudit *Sainct-Gilles*. (*Ibid.*, f° 51 r°).

2 mai 1592. — *Ordonnance pour led. sieur Robert de Laudun, doyen dud. Sainct-Gilles.* — *Jehan de Fayn*, seigneur de *Pérault* et *Johanas*, baron de *Vèzenobre*, gouverneur de la ville et château de *Beaucaire*, conseilhier du roy nostre

sire, son séneschal de Beaucaire et Nismes, au premier huissier ou sergent requis sallut. Scavoir faisons qu'en l'instance introduicte devant nous et au bureau du domayne du roy en nostre seneschaussée, entre les parties soubz escriptes, le dernier jour du moys d'apvril, an soubz escript, avons ordonné par escript comme s'ensuit :

Sur la requeste presantée par Mre *Robert de Laudun*, licencyé ez droictz et doyen de l'esglize collegiale de *Sainct-Gillys*, aulx fins que main levée lui soyt faicte de la saysie des fruictz des prieurés de *Sainct-Pons-de-Somyères* et *Sainct-Bauzély-de-Villevielhe*, deppendans dud. doyenné; ordonnances par nous cy devant données sur lad. requeste, extraict de lad. signature de Rome sur les exchanges faictz entre Mre *Philip Jamet* et led. *de Laudun*, ensemble l'acte de prinse de possession dud. doyenné, chanohie et prebande en l'esglize collegiale de *Sainct-Gilles*, de l'an mil cinq cens quatre vingtz unze et le vingtyesme aoust, le dire du procureur du roy de ne vouloir empécher que lad. main levée ne feust faicte desd. fruictz; le tout rapporté au conseilh des officiers du bureau du domayne du roy en nostre senechaussée, suyvant l'advis et dellibération d'icelluy, scans avoir esgard au bailh expédié des fruictz desd. pryorés comme appartenant aud. Mre *Jamet* et yselluy cassé; Avons osté et levé, ostons et levons la saysie faicte d'iceulx fruictz soubz la main du roy, faysant aud. Mre *de Laudun* antière main levée, avec inhibitions et deffances à tous qu'il apartiendra le troubler sens despans et pour cause... Donné à *Nysmes*, le second jour du moys de may, l'an mil cinq cens quatre vingtz douze. Rozel, lieutenant. Appert actes, *Vitalis. (Ibid.,* f° 56).

22 août 1602. — *Immission de possession de trois chapellenies, en faveur de Mre Robert de Laudun, docteur ès-droits et chapelain d'icelles.* — L'an mil six cens deux, et le vingt deuxiesme jour du moys d'aoust, en la ville d'*Uzès*, et à l'endroyt où souloyt estre la porte principalle de l'esglize parrochielle de *Sainct-Estienne*, par devant Mre *Charles des Pauzes*, chanoyne en l'esglize cathedralle d'Uzès et prieur du lieu de *Gaujac*... se seroyt prézanté Mre *Robert de Lau-*

dun,... chapellain de la chapellenie fondée en lad. esglize *Sainct-Estienne* en l'honneur de *S. Martin*, *pape*; et d'une chapellanie, l'une des quatre de plusieurs unies, appellée *la Messe de l'Aurore*, fondée en lad. esglize; et d'une chapellanie sive place collegiale des *Sept-Chapellenies* fondées en l'esglize *Nostre-Dame-la-Neufve*, dud. Uzès, à l'honneur de la *Vierge*... Led. Mre *Charles des Pauzes* auroyt prins par la main dextre led. *de Laudun*, et icelluy mis en possession... par entrée et ysseue que lui a faict fère de l'endroict où souloict estre la porte principalle de lad. esglize parrochielle de *Sainct-Estienne*, après s'estre prosternés les genoulx à terre, au lieu où souloyt estre le grand autel; lad. esglize [estant] de présant ruynée et desmolie, à raison des guerres civilles... Et tout incontinent, sans disvertir à autres actes... nous serions transportés au devant où soloyt estre la porte de l'esglize *Nostre-Dame-la-Neufve*, ruynée et desmolie à raison de l'injure des temps, etc. (*Notes de Jean Gentous*, Arch. du Gard, E, 35, suppl., f° 147 v°).

28 juillet 1609. — Insinuation pour Me *Robert de Laudun*, cy-devant doyen du vén. chapitre de *Sainct-Gilles*, d'une signature de Rome portant résignation dud. doyenné en faveur de son neveu Mre *Robert de Laudun*, maistre aux artz en l'Université de Paris, avec réservation, à son profit, d'une pension « ducentorum escutorum auri solis, super dicti decanatus fructibus et esmolumentis universis... » (*Ins. eccl. du dioc. de Nimes*, G, 11, f° 127-129).

IX. Louis de Laudun,

Fils de Raymond et de Sébastienne de Ravanel.

18 novembre 1589. — *Lettres de bachellier pour Mre Loys de Lauduno.* — Universis præsentes literas inspecturis decanus et collegium doctorum consultissimæ facultatis juris canonici in famosissimo studio *Parisiensi* acta regentium, salutem in eo qui est omnium vera salus. Cum universi fidei catholicæ cultores, divinæ legis præcepto, sint astricti ut

fidele testimonium perhibeant veritati, multo magis convenit ut viri ecclesiastici, maxime diversarum scientiarum
professores, qui veritatem in omnibus scrutantur et in ea
alios instruunt et informant, ut sic nec amore vel favore
aut alia quacunque occasione, devient a rectitudine verita-
tis et rationis. Hinc est quod nos, non solum amicitia moti,
sed etiam veritate, verum testimonium perhibemus, quod
dilectus noster et nobilis vir magister *Ludovicus de Lauduno*, clericus diocesis *Uticensis*, in jure canonico bacca-
laureus, gradum baccalaureatus *Parisiis*, in nostra juris
canonici facultate, de rigore examinis, anno Domini millesimo quingentesimo octuagesimo nono, die vero decima
octava mensis novembris, secundum prædictæ nostræ facultatis statuta et consuetudines ; dilligenter præhabitis
solemnitatibus in talibus assuetis, laudabiliter et honorifice
adeptus est. In cujus rei testimonium sigillum nostrum
magnum, quo in talibus utimur, litteris præsentibus duximus apponendum. Datum *Parisiis*, in nostra cougregatione
generali solemniter celebrata apud magnas nostras scholas,
anno et die quibus supra. Malhard. *(Ibid.,* G , 5 , fº 64 vº).

11 mars 1590. — Lettres de nomination et de présentation aux doyen, chanoines et chapitre de l'église cathédrale
de Nimes, en faveur dud. Mre *Louis de Laudun*, clerc du
diocèse d'Uzès, bachelier en droit canon. — « Datum Parisiis, in nostra congregatione generali , apud *Sanctum-Ma-
thurinum* solemniter celebrata.. ». Duval. *(Ibid.,* G , 6 ,
fº 4 vº).

16 décembre 1592. — *Lettres de dimissoires pour Loys de
Lauduno, clerc du dioceze d'Uzès.* — *Stephanus Jullianus*,
juris utriusque doctor, prothonotarius Sanctæ Sedis Apostolicæ, canonicus et archidiaconus ecclesiæ cathedrallis
Uticensis, necnon ejusdem capituli et præsentis diocesis
in spiritualibus et temporalibus vicarius generalis, sede
episcopali vacante ab anno et ultra, *Ludovico de Laudun*,
filio naturalli et legitimo condam magistri *Raymundi* et
Sebastyanæ de Ravanel, conjugum, habitatorum præsentis
civitatis Uticensis, salutem.

Ut a quocumque reverendo domino antistite ad primam clericalem tonsuram rite et legitime promovearis, prædicto *Ludovico*, ætatis legitimæ sufficienterque literato, et ad lectoris ordinem promoveri cupienti, facultatem damus et impartimur, rogantes eumdem dominum antistitem quathinus te ad prædictam tonsuram admittere et recipere velit. Datum *Uceciæ*, sub sigillo capituli cujus auctoritate fungimur, et signo nostro et secretarii, die decima sexta mensis decembris, anno Domini millesimo quingentesimo nonagesimo secundo. Stephanus Jullianus, vicarius præfatus. Sic per reverendum dominum vicarium concessum et dimissum. *De La Borie*, secretarius. — (*Ibid.*, G, 10, f° 44).

19 décembre 1592. — *Lettres de tonsure pour led. Mre Loys de Laudun, clerc, sur dimissoires.* — *Raimundus Cavalesius*, Dei et Sanctæ Sedis Apostolicæ gratia episcopus Nemausensis, notum facimus universis quod Nos, in ecclesia nostra cathedrali Nemausensi, missam et sacros generales ordines celebrantes, dilecto nobis in Christo *Ludovico de Lauduno*, filio *Raimundi* et *Sebastianæ de Ravanel*, conjugum, diocesis Uticensis, ætatis legitimæ sufficienterque litterato, de legitimo matrimonio procreato ac debite demisso a suo supperiore, primam tonsuram contulimus in Domino clericalem, ipsumque militiæ clericali duximus agregandum et agregavimus. Datum *Nemausy*, ubi supra, sub sigillo nostro episcopali, anno Domini milesimo quingentesimo nonagesimo secundo, die vero dexima nona mensis decembris. De mandato dicti domini Raimundi episcopi, *Restaurand.* — (*Ibid.*, G, 10, f° 44).

X. Pierre de Laudun (le poète),

Né en 1575, juge temporel de l'évêque d'Uzès, vers 1605, mort de la peste; en 1629.

20 avril 1593. — Signature de Rome, en faveur de Mre *Pierre de Laudun*, clerc du diocèse d'Uzès, d'un canonicat

en l'église collégiale de *Saint-Gilles*, résigné par Mre *Michel Bellin*, chanoine de lad. église. (*Ibid*, G, 5, f° 93 r°).

19 septembre 1593. — Lettres de *forma-dignum* dudit canonicat délivrées à Mre *Pierre de Laudun*, par *Raymond Cavalésy*, chanoine de la cathédrale de Nimes, vicaire général et official de l'évêque de Nimes. (*Ibid*, G, 5, f° 94 r°).

24 octobre 1593. — Prise de possession dudit canonicat. (*Ibid.*, G, 5, f° 102 v°).

XI. Robert de Laudun, docteur ès-droits,

Seigneur de *Gatigues* et d'*Aigaliers*, fils de *Pierre de Laudun* et de *Jeanne de Buliod* (6 mars 1631).

Voir divers actes le concernant dans les *Notes de Michel Larnac*, Arch. dép. du Gard, E, 38, f°s 214 v°, 289 r°.

XI.

Fr. Jean Guilhen, chanoine de Saint-Nicolas, conservateur de la confrérie du Saint-Esprit du lieu de Blauzac.

7 mai 1531.

Arrendamentum Antonii Avinentis, de Blandiaco, Uticensis diocesis. — Anno Domini millesimo quingentesimo trigesimo primo et die septima mensis maii, domino Francisco, etc. Noverint etc. Existentes et personaliter constituti *Bernardus Pougeti*, bajulus, tam nomine suo proprio quam *Petri Beleti*, alterius bajuli, et venerabilis vir dominus *Johannes Guilhermi*, canonicus *Sancti-Nicolai*, conservator confratriæ *Sancti-Spiritus* loci de *Blandiaco*, gratis etc. Tenore etc. Arrendaverunt et titulo arrendamenti traddiderunt et desamparaverunt *Antonio Avinentis*, dicti loci de *Blandiaco*, ibidem præsenti et pro se et suis etc. Videlicet duas vineas dictæ confratriæ. Quarum una scituatur in territorio de *Blandiaco* loco dicto *a la Clausa*, continens duo jornalia ad fodendum. Confrontatur : Ab oriente , cum terris domini *Johannis Aymes*, advocati *Nemausi* ; ab occidente, cum vinea *Poncii Hugonis*; a borea recto, cum vinea *Jacobi Hugonis ;* a marino , cum vinea dicti arrendatoris. Alia vero est scita in loco prædicto *Blandiaci*, loco dicto *en Claus-Ramel*. Confrontatur : ab oriente, cum vinea nobilis *Anthonii de Burgojudeo*, domini de *Blandiaco* ; ab occidente , cum terra *Guilhermi Brunelli* et cum carreria publica ; a circio, cum terra dicti *Brunelli* ; a marino , cum itinere publico. Ad tempus sex annorum et sex gausitarum revolutorum et complectorum, incipiendorum die prima mensis januarii proxime præteriti et simili die finiendorum. Precio cujuslibet anni trium barralium vini boni , puri et mercabilis, solvendorum quolibet anno, videlicet tempore vindemiarum et *al rach de la tine* (1) ; cum pactis sequentibus : — Et primo, quod dictus *Avinentis* tenebitur et debebit , quolibet anno , amplecare et debite amputare et fodere dictas vineas et facere vallatos necessarios. — Item , quod dictus *Avinentis* relinquet duas dictas vineas amputatas, finito dicto termino sex annorum. Pro quibus tenendis dictæ partes, una penes aliam , obligaverunt : videlicet dictus bajulus et conservator , bona dictæ confratriæ, et dictus *Avinentis*, sua propria, curiis ordinariæ de *Blandiaco* , regiæ et condominorum *Uceciæ*, præsidalis domini senescali *Bellicadri* et *Nemausi* et alterius etc. Promiserunt etc. Juraverunt etc. Renunciaverunt etc. De quibus etc. Actum in loco de *Blandiaco* et in paranca (2) *Anthonii Cornuti*. Testibus præsentibus : *Johanne Radulphi* ; *Jacobo Hugonis, Blandiaci; Jacobo Tutelle*, de *Dioms*, Uticensis prædictæ diocesis ; et me, *Francisco Ariffoni*, notario. — (*Notes de Fr. Ariffon*, not. d'Uzès. (Arch. dép. du Gard , H. 521 , fol. 3.)

(1) « Au jet, au coulant de la cuve ».

(2) *Parran*, en languedocien *parò* , étendue de terrain , près d'une ferme ou maison de campagne, où il croît de l'herbe; — terrasse de jardin —terrasse de vigne, de châtaigneraie. pour retenir la terre des terrains en pente.

XII.

Actes relatifs à l'inondation de 1533 et aux dommages qui en résultèrent pour les moulins de Saint-Nicolas.

1. — *Acte pour Loys Violet, monnier des moulins du monestère de Sainct-Nicolas-de-Campanhac, au diocese d'Uses.* — 23 mai 1533. — L'an de grace mil cinq cens trente troys et le vingt troyssiesme du moys de may, soit à toutz manifestz que, au lieu de *Sainct-Nicolas-de-Campanhac*, et au chiefz du pré de monseigneur le prieur de l'église dud. *Saint-Nicolas*, et en présence de messire *Symon Pijolassii*, prebstre, sub-rentier et associé avecques messire *Jehan Marbain*, prebstre, de *Sanilhac*, et rentier principal des revenus et émolumens dud. monestère de *Sainct-Nicolas-de-Campanhac*, par subarrentement par ledit *Marbain* audit *Pijolassii* faict, ainsi comme a dit conster par main publicque ; Est venu et personellement comparu *Loys Violet*, monnier des molins dudit monestère, à luy subarrentés par les susditz *Marbain* et *Pijolassii*, comme conste par cédule de leur main signée, comme a dit ; auquel *Pijolassii* a dit et exposé que, par grosses enundations des eaues tant dernier excorreues, au moys d'avril dernier escheu, que du présent moys de may, la levade, resclause ou palissat desditz molins a esté démoleue, et en icelle faicte grosse ouverture, à laquelle toute l'eau de *Gardon*, par laquelle lesditz molins doivent moldre, y passe et defflue. Et, pour ce que dessus et que l'eau ne va et passe aud. molin, moyennant lad. démolution et ouverture, a ung moys que lesd. molins bladiers dudict *Sainct-Nicolas* n'ont point moldru, ny viré pour moldre blé. Pour quoi led. *Loys* a sommé et requis led. *Pijolassii* comme associé prédit, et led. *Marbain* en sa personne, de fère réparer lad. démolution et ouverture de lad. resclause, et luy fère tenir et avoir lesd. molins molans en bonne et deue forme, comme en tiel cas requiert, comme luy ont promis de fère. Et a protesté contre lesditz messires *Marbain* et *Pijolassii* de toutz despens, dommaiges et interestz et retar-

dation desd. molins; disant estre de presant le temps plus
aprofitable que de toute l'année. Et autrement a protesté
contre *Marbain* et *Pijolassii*, comme en tiel cas requiert.
Lequiel messire *Pijolassii* a respondu estre vray de avoir sub-
arrenté aud. *Violet* lesd. molins, ensemble led. messire *Marbain*, soy offrant de fère tenir et de fère tout le contenu en
icelluy; et que ne estoit pas tenu de le fère à ses dépens. Et
led. *Violet* a protesté comme dessus, et en a demandé acte à
moy, notaire, illec présent. Faict où que dessus, ès présan-
ces de *Raymond Privat*, de *Licquomalho* (1); *Sebastian
Folchier*, dud. *Campanhac*; et de moy, *François Arijjoni*,
notaire royal.

2. — *Acte réciproque tant pour messire Symon Pijolassii
que pour le procureur de monseigneur de Sainct-Nicolas-de-
Campanhac.* — Même date. — L'an, jour et lieu que dessus,
en présence de fraire *Jehan Guilhen*, canorgue et religieux du monestère de *Sainct-Nicolas-de-Campanhac*, procureur soy disant de monseigneur le prieur dud. *Sainct-Nicolas* et des affaires dudict seigneur négociateur, est venu et
personnellement présanté messire *Symon Pijolassii*, rentier
par subarrentement à luy faict par messire *Jehan Marbain*,
prebstre, de *Sanilhac*, rentier principal du benefice dudict
Sainct-Nicolas-de-Campanhac et des revenus d'icelluy; et,
tant en son nom que dud. *Marbain*, a sommé et requis led.
fraire *Guilhen*, comme procureur predit dud. seigneur, de
fère réparer et lever la levade ou palissat, demoulu par les
grosses enundations d'eaues dernièrement décorreues, des
moulins bladiers dud. *Sainct-Nicolas*. Car, au deffault de
ce, et que toute l'eau passe par lad. démolution, lesd.
molins ne mollent poinct et ne ont mouldru loing temps y
a; qu'est gros intérestz dud. seigneur. Et led. *Pijolassii*, en
deffault de négation et délayement de fère reparer et lever
led. palissat, a protesté contre led. seigneur, en personne
dud. fraire *Guilhen*, procureur predit, de toutz despens,

(1) *Liquemaille*, petit fief du mandement de Sainte-Anastasie. — Voir
plus loin, n° xxii, *Gén. des seigneurs de Montgros.*

dompmaiges et intérestz que luy en pourroient venir par
moyen de lad. retardation. — Lequel fraire *Guilhen* a respondu que led. seigneur, duquiel il est procureur, n'est
poinct tenu de faire lever ny réparer led. palissat ou levade
desd. molins, ains sont tenuz lesd. *Pijolassii* et *Marbain* de
le faire ; car en leur coulpe a esté faicte grosse ouverture
aud. palissat ; car par avant certain trauc faict aud. palissat ou levade fust réparé ou levé ou faict fère par lesd.
Pijolassii et *Marbain*, comme avoit promis de fère aud.
seigneur led. *Marbain* à l'arrentement, ycelluy trauc ne
fust pas bien et deuement réparé et relevé, comme le exhi-
goit et estoit nécessaire. Disant en oultre que, causant certaines grosses caues dernièrement décorreues, fust faicte
certaine exigue ouverture au palissat desd. molins ; laquelle
sy fust estée, *tempore debito*, réparée et levée par lesd.
Marbain et *Pijolassii*, comme avaient promis de fère aux
despens dud. seigneur, lesd. *Marbain* et *Pijolassii* eussent
évité plus grande démolution et ouverture, laquelle est
après venue. Par ce que dessus, led. fraire *Guilhen* a protesté contre lesd. *Pijolassii* et *Marbain*, et en personne dud.
Pijolassii, de toutz despens, dompmaiges et intérestz que,
pour ce que dessus, en pourroient venir aud. seigneur. Et
ont protesté l'ung contre l'aultre, comme dessus, et en ont
demandé acte à moy, notaire, illec présent. Faict où et ès
présences que dessus, et de moy, *François Ariffoni*, notaire royal.

3. — *Acte pour Loys Violet, monnier des molins de Sainct-
Nicolas-de-Campanhac*. — 23 juin 1533. — L'an que dessus,
et le vingt troysiesme de juing, à toutz soit manifest que,
au lieu de *Saint-Nicolas-de-Campanhac*, et dans le mones-
tier et mangoir d'icelluy, en présence de messire *Symon
Pijolassii*, est venu et parsonnellement présanté *Loys Violet*,
monnier des molins bladiers dud. *Sainct-Nicolas*, auquel
Pijolassii a dit et exposé qu'il a deux moys ou environ que
lesd. molins ne ont point moldru, causant la démolition et
ouverture qui a esté faicte à la levado ou palissat dud. molin
par enundations de caues ; doinct despuy la dicte démolution et ouverture a esté aulcunement relevée et réparée, en

tant que par toute l'eaue que passe ausd. molins ne peult
ny scauroit moldre que ung desd. molins; si que, le jour
présant, a commancé de moldre ung desd. molins; disant
que, sy toute l'eaue de *Gardon*, qui passe dans lad. ouverture dudit palissat, estoit retenue, lesd. deux molins en
moldroient facilement. Par quoy a sommé et requis lesd.
Pijolassii et *Marbain* de luy faire tenir et valoir lesd. deux
molins mollans, et la levade d'iceulz ou palissat bien et
deuement réparés et acoustrés, comme le cas le requiert.
Et, en cas de dénégation et délayement, a protesté contre
lesd. *Pijolassii* et *Marbain* de toutz despens, dompmaiges et
intérestz que, pour ce que dessus, luy en pourroyt venir. —
Lequiel *Pijolassii* a respondu qu'il n'est poinct tenu de fère
lever ny réparer led. palissat ou levade; et que luy, ensemble ledit *Marbain*, ont subarrentés à luy lesd. molins en la
forme et manière que ilz les ont de monseigneur de *Sainct-
Nicolas*, soy offrant icelluy subarrentement et le contenu
d'icelluy tenir et observer. — Et ledit *Violet*, monnier, a
protesté comme dessus, et en a demandé acte de ce que
dessus à moy, notaire, illec présent. Faict au lieu que dessus, es présences de messire *Pierre Brun*, prebstre, des
Vans, habitant aud. monestère; *Anthoine Reynaud*, de
Blauzat; et *Anthoine Ribot*, d'Uzès; et de moy, *François
Ariffoni*, not. royal.

4. — *Acte pour fraire Jehan Guilhen, canorgue du monestère du pont Saint-Nicolas-de-Campanhac, comme procureur
de monseigneur dud. Saint-Nicolas.* — L'an, jour et lieu que
dessus, en présence de moy et des tesmoingz dessoubz
scriptz, et de messire *Symon Pijolassii*, prebstre, subren-
tier et associé avecques messire *Jehan Marbain*, prebstre et
rentier principal du béneffice dud. *Sainct-Nicolas*, et comme
intrometeur et recepteur des ususfruictz d'ycelluy béneffice,
est venu et a déclairé fraire *Jehan Guilhen*, canorgue et
religieux dud. monestère, procureur (comme a dit) de monseigneur dud. *Sainct-Nicolas*, que presque toutes les vignes
dud. monestère sont demourées, non pas tant seullement
à foyre, ains à magenguer. — Et premièrement la vigne
appellée de *moussen Guilhen* a demouré, tant l'an passé que

cestuy present, à magenguer. — Item, la vigne de *la Mayre*
n'a esté podée, fossé ny magenguée; tous les vallatz des
plantiers ne sont poinct esté curés; à cause de quoy les
ribbes desd. plantiers ne sont point esté fossés. — Et que
le Grand-Plantier a demouré l'an passé à foyre, si n'est
deux journalz devers le levant. — Item la vigne de *la Clauselle*, cinq journaulx sont demourés, devers soleil levant, à
foyre; ny devers le couchant n'a esté fossé, [si n'est] du
milhieu deux journaulx; et toute ycelle vigne mal acous-
trée, les vallats d'icelle non curés, la paret de charière
deffaicte. — Item le vallat de la vigne *Desoubz-Campanhac*
n'est point curé; à cause de se, la ribbe de lad. vinhe a
demouré à foyre, ny a esté, de l'an présent, magengué. —
Par quoy, led. fraire *Guilhen*, procureur prédit, a protesté
contre lesd. *Pijolassii* et *Marbain*, en parsonne dud. *Pijolassii*, de toutz intérestz et dompmaiges que en pourroient
venir aud. monseigneur de *Sainct-Nicolas*. — Lequel *Pijolassii* a respondu que il s'en repportoit aud. Mᵉ *Jehan Marbain*. — Et led. fraire *Guilhen*, procureur prédit, a protesté
comme dessus, et en a demandé acte à moy, notaire, illec
présent. Faict où que dessus, es présences de messire
Pierre Brun, prebstre; *Loys Violet*, monnier, habitans dud.
Sainct-Nicolas; *Pierre Yvergnal*, sartro, d'Uzès; et de moy,
François Ariffont, notaire royal. — (*Notes de Fr. Ariffon*,
Arch. dép. du Gard, H, 521).

XIII.

*Délibération du Bureau de Direction de la ville de Nimes au
sujet de la démolition de la tour et de l'église de Saint-
Nicolas.*

3 décembre 1625.

Du mecredy troizième jour du mois de décembre [mil
six cens vingt-cinq], après midy, pardevant MMʳˢ *de Castanet*,
de Saliens, *Sayard* et *Vigier*, premier, second, troizième
et quatrième consuls; assistantz les sieurs *de Lagrange*,

Chairon, Lebon, Carlot, Guiraud, Vernier, Raynaud, Illaire, Rouvière, Lagal, Caffarel et *Bourguet*...

Passage sur le Pont-Nicolas (sic).

Sur l'advis que les ennemis ont faict desseing de se saisir de la tour et esglize *Sainct-Nicolas*, sur la rivière du *Gardon*, et aussy empescher le passage de ladicte rivière et la correspondance d'Uzès en cette ville, Arresté que présantement sera faict despèche aux consulz d'Uzès, à celle fin que, en cas par eux la démolition de ladicte tour et esglize soict jugée nécessaire, que cella se face promptement. A laquelle démolition la ville entrera pour sa portion, à condition de faire ladicte démolition par ordonnance de monseigneur le duc de Rohan, auquel Mrs d'Uzès seront priés d'escrire. — (*Reg. des Délibérations*, Arch. munic. de Nimes, L, 19, fº 298.)

XIV.

Délibération du Conseil de ville de Nimes, à propos de la peste.

6 avril 1640.

Du vandredi sixiesme avril mil six cens quarante, dans la maison consullaire, au Bureau de la santé, tenu par devant Messieurs *de La Baulme*, [*Claude*] *Guiraud, Rouvière* et [*Jacques*] *Guiraud*, consulz ; *de Calvière*, juge criminel, *de Favier*, conseiller et garde de sceaux, *Delacroix*, assesseur ; *Combes, Guiraud, Bonfa, Salveton*, bourgeois ; *Guirard, Liboud, Dumas* et *Gallard*, depputtés pour le bureau de la santé.

Sur ce qui a esté proposé par *M. de La Baulme*, premier consul, qu'au lieu d'*Orsan, Roquemaure, Bégude-Saint-Nicolas*, près *Uzès, Aubort* et le *Grand-Galargues*, y a eu quelques excès de peste ; et que plusieurs autres lieux sont soubçonnez d'avoir eu communication avec eulx, comme appert de diverses lettres qui leur ont esté escrites, a requis le Bureau de deslibérer sur ce qu'il y a à faire pour la conservation de la santé de la ville.

Sur laquelle proposition a esté délibéré: Qu'attendu qu'en ceste ville y a grand négosse et manufactures de drapperie ; et que lesd. lieux contagieux sont du voisinage, les aulcuns d'yceux n'estant qu'à une lieue et demy, et tous dans le ressort du siége présidial ; que messieurs les consulz escribront aux principaux villages des environs de ceste ville que les marchés y sont interdis pour quelque temps et jusques à ce qu'on leur donnera advis du restablissement ; que lesd. principaux villages donneront cognoissance de lad. interdiction aux autres plus proches d'eulx qui fréquantent lesd. marchez ; et, au cas les habitans desd. villages se présentent pour venir aux marchés, qu'on leur refuzera la porte. — (*Reg. des Délibérations*, Arch. mun. de Nimes, L, 21, fº 16 vº).

XV.

Actes relatifs au prieur commendataire René de Girard.

1. — *Quittance d'une somme de* 300 *livres.* — 14 août 1636. — L'an mil six cens trente six et le quatorziesme jour du moys d'aoust, avant midy, par devant moy, notaire royal soubzsigné, et prézance des tesmoins bas nommés, establi en personne Mᵉ *Maurice Amalric*, prieur et conseigneur de *Blauzac*, lequel, de son gré, comme procureur deuement fondé de messire *René de Girard*, prieur et seigneur de *Sainct-Nicolas*, par procuration receue et originellement expédié par Mᵉ *Moulet*, notaire royal de *Montpellier*, le vingt cinquiesme jour du mois de juing dernier, a confessé avoir heu et receu présantement et réallement, en pistolles d'Espaigne, escuz sol et monnoye, de monsieur Mᵉ *David Lévesque*, Conseiller du Roy et Receveur des tailles du diocèse d'Uzès, la somme de trois cens livres tourn., comptée, nombrée et par led. Sʳ *Amalric* embourcée et retirée... Et c'est pour payement entier de pareille, que led. sieur *Lévesque*, comme recepveur susdit, se treuve condempné payer aud. sieur de *Sainct-Nicolas*, par deux diverses ordonnances obtenues, par le sieur de *Sainct-Nicolas*, de nos-

seigneurs les intendans : l'une en datte du vingt septiesme
may dernier , signé *de Miron* et *Le Camus*, intendans ; et
l'autre du vingt et un juing suyvant, signée par le S^r *de
Miron*, en déduction de plus grand somme que feu messire
Anthoine de Fayn de Péraud (1), vivant évesque et compte
d'Uzès, avait à prendre en ung article de l'estat des inthé-
restz de son livre de recepte de la présante année.... Dont de
ladite somme de trois cens livres, pour payement que dessus,
led. Sr *Amalric*, procureur susdit, bien payé et satisfaict,
en a quitté et quitte led. Sr *Lévesque*, recepveur susdit,
promet fère tenir quitte envers led. S^r de *Sainct-Nicolas* et
autres qu'il appartiendra.... Faict et recité aud. Uzès,
maison dud. Sr *Lévesque* ; présans : sire *Daniel Folchier*,
merchand droguiste ; et *Pierre Larnac*, praticien, dud.
Uzès, soubzsignés avec partyes ; et moy, *Michel Larnac*, notaire royal de la retenue dud. Uzès. — *Amalric*, prebstre.
Lévesque. Folchier. Larnac. Larnac, not. — (*Notes de Michel
Larnac*, Arch. dép. du Gard, E, 39, f° 83 v°.)

2.—*Inféodations, faites par le prieur René de Girard à Jean*

(1) *Paul Antoine de Fayn de Péraut*, fils de *Jean de Fayn*, marquis de
Péraut, baron de *Vézenobre*, sénéchal de Beaucaire, et de *Marie de Montmorency*, fille naturelle de *Henri 1er de Montmorency de Damville*, conné-
table de France, était né vers 1580. Comme cadet, il se fit d'église ; et,
grâce au crédit de sa famille, les bénéfices ne lui manquèrent point.
Même alors qu'il n'était que clerc tonsuré du diocèse d'Arles, il en eut
plusieurs dans le diocèse d'Uzès, et entre autres : 1° le prieuré de *Saint-
Martin-de-Serviers*, dont il prend possession, le 22 septembre 1602
(*Notes de J. Gentoux*, Arch. dép. du Gard, E, 35, suppl., fol. 158 v°),
et dont sa mère touche pour lui les revenus, le 6 janvier 1607 (*Ibid.*, E,
36, fol. 2 v°) ; 2° le prieuré de *Saint-Pierre-de-Navacelle* et *Sainte-Cécile-
de-Brouzet*, son annexe, dont il prend possession, le 21 janvier 1609,
n'étant tonjours que simple tonsuré (*Ibid.*, 36, fol. 137 v°). En 1614,
l'année même où son grand-père Damville mourut à Agde, il fut nommé
coadjuteur, avec future succession, de Louis de Vigne, évêque d'Uzès,
(qui ne mourut qu'en 1621), et sacré, la même année, évêque d'Hélénó-
polis *in partibus*. En 1615 et en 1625, il assiste aux assemblées du
clergé de France. En 1632, ayant pris part à la révolte de Gaston d'Or-
léans, avec Henri II de Montmorency, il fut, après la capitulation
du château de Beaucaire, exilé à Avignon, où il mourut, dans les derniers
jours de mars 1633.

de Vergèzes, *de plusieurs fiefs appartenant à Saint-Nicolas*, *sur le terroir d'Aubussargues.* — 1644. — A la requête du révérend père *Jacques de Cambronne*, chanoine régulier de l'ordre de S. Augustin, congrégation de France, prieur claustral de *Saint-Nicolas-de-Campagnac*, despendance de lad. congrégation, tant en son nom que de tous les autres religieux du monastère dudit *Saint-Nicolas*, soit signifié, par le premier huissier ou sergent requis, à monsieur *Jacques de Vergeze*, seigneur du lieu d'*Aubussargues* (1), qu'estant venu à sa cognoissance que le sieur *René de Girard*, cy devant prieur dud. *Saint-Nicolas*, avoit inféodé à son feu père (2), l'an mil six cens quarante quatre, les fiefs du terroir d'*Aubussargues*, despendances dudit prieuré, pour une demie sommée d'orges toutes les années; mais, comme ils sont très considérables, comme ayants esté cy devant recognus soubs la servitude de cinq à six sommées et deux émines orges ou environ, et quelques gélines, tous les ans, ledit sieur prieur n'ayant pas peut faire ceste inféodation sans le consentement de son chapitre, d'autant plus qu'elle est préjudiciable de cinq sommées et quelques gélines tous les ans; c'est pour quoy ledit exposant proteste contre luy, tant en son nom que de tous les autres [religieux] dudit monastère, qu'il est opposant à tout ce que ledit sieur *René de Girard*, cy devant prieur, a fait, et de se pourvoir de droit pour faire casser le tout, et de tous les dépens, domages et intérests, que ledit exposant et ses successeurs pourront souffrir. Dont acte luy a esté intimée et signifiée. (12 mai 1683). F. DE CAMBRONNE, prieur claustral. — (*Papiers de la famille de Rozel*, Arch. hosp. de Nimes).

(1) Jacques de Vergèzes, seigneur d'Aubussargues, était le seul fils de Jean de Vergèzes et de Bonne de Barjac du Bousquet. Il était né en 1639, et fut maintenu dans sa noblesse avec son père Jean, par jugement souverain du 3 décembre 1668. — Les Vergèzes d'Aubussargues portaient: *D'azur, au lévrier d'argent, accolé de gueule, accompagné de quatre roses, 2 et 2.*

(2) Jean de Vergèzes, fils de Nicolas, et de Jeanne des Pierres.

XVI.

Extrait d'un mémoire dressé par l'avocat de l'abbé Jean-Joseph de Rozel.

1704. — Le prieuré de *Saint-Nicolas-de-Campagnac* est conventuel, et par conséquent sacerdotal. La Commende commença, en 1610, dans la personne du sieur abbé *Girard*, qui ne l'obtint qu'à la charge de se faire prebstre; autrement la Commende devoit cesser, et, elle cessant, l'effect de la bulle devoit estre anéanty. Le Sr *Girard* obéit à la condition. Il mourut en 1645. Le Sr *Eléazar Chasles* luy succéda, et fut prebstre après son institution canonique. Sa mort n'arriva que trop tost; car le sieur *de La Parre* fut nommé pour remplir sa place. Son père estoit ministre de Charenton. Sa conversion donna lieu à celle de son fils; lequel, après avoir esté proposant ministre et avoir longtemps porté les armes, prit la tonsure, sans s'estre fait réhabiliter de l'irrégularité encourue pour le crime de l'hérésie dont son père et luy avoient esté les fauteurs et les défenseurs.

En 75, il se fit buller, avec la clause de se faire prebstre dans l'an; faute de quoy, vacance de droit du bénéfice et nullité de la commende. Quoiqu'il n'eust ny brevet ny nomination, il creut réparer ce déffaut par un brevet, qu'il a luy mesme communiqué, du 6 juin 1675, six mois postérieur à la bulle. Depuis 75 jusqu'en 1677, sans fulmination, sans prise de possession, il ne laissa pas de jouir des fruits et de dégrader les bois, donner des emphitéoses sans la participation de ses religieux, et d'agir comme aurait pu faire un titulaire paisible et pourveu canoniquement. En 1677, le 13 febvrier, il fit fulminer sa bulle avec la répétition de la clause de se faire prebstre, et prit possession le mesme jour. Depuis ce jour, le Sr *de La Parre* ne s'est appliqué qu'à deshonorer son estat, scandaliser son prochain, alliéner, soubs le prétexte de pots de vin considérables, les biens de son bénéfice, avoir des procès avec ses religieux, protéger les hérétiques, entretenir des correspondances secrètes avec eux, leur remettre les tributs qu'ils avoient coutume de payer au prieuré, leur confier les tiltres originaux de leurs redevances, les brûler mesme dans des excès d'intempérance avec ceux qu'une mesme religion rendoit ses amis, mener une vie d'incontinence, de crapule, en montrer avec ostentation les tristes effets et se rendre aussi méprisable par sa conduite qu'il devoit estre irréprochable dans ses mœurs.

Le roy, informé d'un tel scandale, et qu'au mépris de la clause irritante de la bulle, le S^r *de La Parre* n'estoit pas prebstre depuis 27 ans, déclara, le mois d'août 1703, le prieuré de *Saint-Nicolas* vaccant par l'incapacité du S^r *de La Parre*, dernier titulaire, et pour sa non-promotion à la prebstrise. Il jetta les yeux sur le S^r abbé *du Rozel*, occupé, dans sa cathédrale, à édifier autant que le S^r *de La Parre* songeoit à destruire, et luy donna le prieuré de *Saint-Nicolas*. — Me HARCOULT DE COMBOURG. — (*Papiers de la famille de Rozel*, Arch. hosp. de Nimes).

XVII.

Notes fournies par l'abbé Jean-Joseph de Rozel à son avocat.

1704. — Le droit de M. l'abbé *de Rozel* est establi : 1° par le Brevet du Roy qui préjuge l'affaire, luy donnant le prieuré conventuel de *Saint-Nicolas*, vacant par l'incapacité du sieur *La Parre* et faute de promotion aux ordres sacrez, ainsi que les bulles qu'il avoit obteneu dud. bénéfice et le *forma-dignum* de l'Evêque d'Uzès l'y obligeoint; 2° sur l'ordonnance de Blois, qui veut que les prieurs conventuels, ayant atteint l'aage requis par les Conciles, seront, suivant iceux, tenus de se faire prestres, dedans un an après leur provision. Faute ce ce faire, seront les bénéfices par eux tenus déclarez vacans et impétrables, et encore contraints de rendre et restituer les fruits qu'ils auront perceus, pour estre employez en œuvres pies; 3° sur des arrests du Parlement de Paris et autres cours souveraines; 4° sur un arrest contradictoire du Grand-Conseil, portant réglement, conformément aud. article de l'ordonnance de Blois, leu et publié en audiance, signifié, à la requeste de Mʳ le Procureur-général, à MMʳˢ les sindic et agents généraux du Clergé de France. S'il y en a un arrest particulier, il a été donné par rapport au mérite extraordinaire du premier pourveu (ce qui ne se rencontre pas au cas présant), et à la charge de se faire prestre dans l'année. Ce qui n'ayant peu se faire, cet arrest fut suivi d'un concordat passé entre parties, et le bénéfice resta au second pourveu par le Roy, moyennant une pension. Il est à remarquer que cet arrest, qui maintenoit le premier pourveu dans le bénéfice, à la charge de se faire prestre dans l'année, ordonnoit que cependant les fruits dud. prieuré seroient, à la diligence du procureur général sur les lieux, employez aux réparations des bâtiments dud. prieuré et achapt d'ornemens. Il est impossible que le sieur *La Parre* soit ordonné prestre, par rapport à son estat présant et aux dispositions de Mgr l'Evêque de Montpellier, son évêque diocésain, auquel on remettra le sentiment de MMʳˢ les docteurs de la maison de Sorbonne, qui obligent le sieur *La Parre* à la restitution des fruits du bénéfice, lequel il ne pouroit mesme garder sans péché, suivant la clause des bulles qu'il en a obtenu et le *forma-dignum* donné en conséquence.

Conduite du Sʳ La Parre, depuis qu'il est en possession du prioré de Saint-Nicolas, et partie des aliénations qu'il a faites des biens et droits seigneuriaux en deppendans. — Sa conduite se justifie 1° par son estat présant : il est accablé de la goutte et comme abruti par le vin; 2° par le mariage de deux de ses filles naturelles. La première s'appelle *Françon*, mariée à un cordonnier de *Mauguio*. Cela est justifié par le contrat de mariage et par le livre journal du sieur *La Parre*, où il se voit qu'il donnoit à Mlle *Tessier*, par année, pour nourriture de la petite *Françon*, 48 livres, c'est à dire 4 livres par moys, ainsi qu'il est couché en plusieurs endroits de son livre-journal, qu'on a en main; 3° par le mariage de sa duxième fille, nommée *Marguerite*, avec le sieur *Gueyraud*, de Rouergue, sirurgien de Montpellier, chez qui le sieur *La Parre* est en pension. Il est à remarquer que lad. *Marguerite* a tout l'air dud. *La Parre*.

Pour ce mariage, il y a eu deux contrats receus par M*e*
Quissac, notaire de Montpellier. Le premier est du 8*e* aoust
1700, escrit en deux pages, dans les notes dud. notaire :
« Entre *Pierre Gueyraud*, sirurgien etc. et dem*lle* *Marguerite
Salle*, fille naturelle de messire *Paul La Parre*, prieur de
Saint-Nicolas..., ». (Ce sont là les mesmes mots). Dans ce
contrat, « le sieur *La Parre* donne à lad. *Salle*, sa fille,
en considération des bons et agréables services qu'elle a
rendeu à D*lle* *Catherine de Joly*, mère dud. *La Parre*, et aud.
sieur *La Parre*, la somme de 1,200 livres (compris les avan-
tages que lad. *de Joly* luy a fait par son testament), qu'il
luy peyera dans quatre années ». Le testament de la dem*lle*
de Joly est très nécessaire en cette affaire. Comme le premier contrat ne fesoit pas honneur au sieur *La Parre*,
quoyque très naturel, il en feut fait un autre, le 28*e* octobre
de la mesme année 1700, où lad. *Marguerite* (fille dud. *La
Parre*) se dit « fille de feu *Jean Salle*, mesnager, de *Mou-
lezan*, diocèse d'Uzès, et de *Marguerite Salle*, habitante à
Montpellier deppuis vingt ans ». Elle se constitue 3,300 livres, sçavoir : 1,400 livres en un billet que led. *Gueyraud*
luy avoit fait ; 1,600 livres en une lettre de change faite à
son profit ; et 300 livres en bagues et joyaux ». Toutes les
autres clauses se rapportent à celles du premier contract, et
celles qui n'y sont pas sanblables ce détruisent par actes
qu'on a.

Si le sieur *La Parre* a fait un peu de bâtiment à *Saint-
Nicolas* (qui est une espèce de bergerie, n'estant qu'à une
estage, qui est mesme fort basse), il a trouvé les fonde-
mens tous faits ; et, pour ce qu'il a exaucé, il s'est servy
des pierres de la démolition du couvent. Cette petite maison,
qui n'est qu'un bas, est, à proprement parler, une maison
de bouteille et de débauche, éloignée des religieux (ce qui
se justifie par actes et par une enqueste). Cette petite maison
a été bâtie des deniers qu'il a retirés de la vente des bois,
qu'il a absolument dégradés, et des aliénations des biens
fonds et droits seignuriaux dud. prieuré, qu'il a vendus et
aliénez, dont il a tiré de gros droits d'entrée. J'ay la plus
grande partie des actes qui le justifient ; les autres, je les
dois recevoir incessamment.

Biens fonds aliénés par le sieur La Parre, avec les droits d'entrée qu'il a receus.

Au sieur *Baudan-Belleveue,* de qui il a tiré, pour droits d'entrée............................. 550 livres

De Mr *de Lussan,* pour droits d'entrée........ 220 »

A un valet, qui se dit son garde-terre, il a donné des terres qui sont à *Vic,* deppendans du prioré, et à plusieurs autres personnes.

Droits seignuriaux aliénez par le sieur La Parre avec les droits d'entrée qu'il a receus.

Les censes de *Poulx,* au seigneur du lieu, droit d'entrée................................ 220 livres

Celles d'*Argiliers,* au seigneur, droit d'entrée 220 »

Celles de *Dions,* au prieur dud. lieu, et pour le droit d'entrée.............................. 600 »

Au sieur *Jonquet,* de *Marguerite,* et à plusieurs autres particuliers, de divers lieux.

Titres et papiers terriers donnez ou perdus par le sieur La Parre.

A M^r *d'Arbaud,* seigneur de *Blausac,* un acte de 1334, de la dernière conséquence pour led. prieuré. J'ay l'acte original sur ce passé entre eux deux.

Plusieurs terriers des droits seignuriaux dud. prieuré, qu'il a donnez au sieur *Freissines,* pour le recouvrement desquels il y a un grand procès au séneschal de Nimes entre les religieux de *Saint-Nicolas* et le sieur *Freissines.*

Un grand registre de recognoissances des fiefs deppandans dud. prieuré, d'une très grande considération, dont le sieur *La Parre* se trouve chargé par son récepissé. (Il a avoué que, dans une grande débauche qu'il fit à *Blauzac* avec les sieurs *de Montgros, Freissines* et autres religionaires, led. registre luy fut pris et brulé en sa présance. Cela se prouve par l'ordonnance de M^r l'Intendant, que j'ay en original en mon pouvoir, et de la procédure faitte en conséquance.

Je n'aurois jamais fini, si je fesois l'énumération de tous les actes que j'ay en main.

Le sieur *La Parre* a vendeu le droit que le prieur de *Saint-Nicolas* avoit de faire dépaisser son troupeau dans un quartier de la ville de *Nismes*, au préjudice de la transaction sur ce passée entre les prieurs de *Saint-Nicolas* et les consuls de la ville de *Nismes*. J'ai lad. transaction, mais non pas la vante faite dud. droit de paturage par led. *La Parre*, qui a été passé depuis 1680 jusques à 1686.

Le sieur *La Parre* a hérité, il y a environ trois ans, des biens de Mʳ *Joly*, médecin de Montpellier, qui se portent de 18,000 à 20,000 livres.

Le prieuré de *Saint-Nicolas* avoit été possédé par des prieurs conventuels; il n'y en a eu que deux, avant le sieur *La Parre*, qui l'ont joui en commende, et ils estoient prebstres. — (*Papiers de la famille de Rozel*, Arch. hospit. de Nimes·)

XVII bis.

Actes relatifs au P. J. de Cambronne, avant son entrée au couvent de Saint-Nicolas.

J'ai dit, page 175, que le P. *de Cambronne*, « né en 1621, entra, tout jeune encore, au couvent de *Saint-Nicolas*, où il fut reçu profès en 1642 ». Plusieurs actes que je viens de retrouver, pendant l'impression de ces *Pièces justificatives*, dans les registres d'Hector Garidel, notaire d'Uzès; et que je donne ici, sous le n° xvii *bis*, prouvent que ce religieux fit partie d'abord des chanoines augustins réformés du chapitre cathédral d'Uzès, et qu'il ne devint chanoine de *Saint-Nicolas* qu'en l'année 1649.

Ces actes nous fournissent en même temps, sur le personnel du monastère à cette époque, des renseignements que je regrette de n'avoir pas connus plus tôt.

1.— 30 mai 1649. — L'an mil six cens quarante neuf, et le trantiesme jour du mois de may, avant midy, régnant nostre très chrestien prince Louis, par la grâce de Dieu roy de France et de Navarre ; pardevant moy, notaire royal, et tesmoingz bas nommés, establys vénérables et religieuses personnes, frères : *Guilhaumes Brunet*, vicaire-général et official de monseigneur l'évesque et comte d'Uzès, prieur claustral et sacristain en l'esglize cathédralle dud. Uzès, *Augustin Senet*, capiscol et prieur de Théziers, *Nycolas de Rouvres, Pierre Bonot*, prieur de Colias et scindic du Chappitre de lad. esglize, *Gabriel Baillot*, prieur du Gard, *Jacques Godinot*, prieur de Fontanès, *Nicolas d'Ambraine*, aumosnier, *Jacques de Cambronne*, *Jean de Véelu*, *Joseph Andrieu*, prieur de Sainct-Privat-des-Vieulx, *Gabriel Antheaulme, Anthoine Le Tellier*, prebstres; *Jean Pilon*, diacre et secrétaire dud. Chappitre, *Pierre Maillot, Edouard de La Framboisière ;*

Tous chanoines proffès en lad. esglize cathédralle, lesquels, de leurs bons grés, sans révocation aulcune, ont faict et constitué leur procureur spécial et général, une qualité ne desrogeant à l'autre, sçavoir est religieuse personne frère *François Morin*, aussi chanoine en lad. esglize et prieur de *Sainct-Paulet-de-Caysson*, icy présant et lad. charge acceptant, pour et au nom desd. sieurs constituants, se porter partout où besoing sera, pour illec requérir la fulmination des bulles obtenues de nostre Sainct Père le Pape en confirmation du concordat faict et passé entre monseigneur l'illustrissime et révérandissime évesque et comte d'Uzès et révérandissime Général de la Congrégation des Chanoines réguliers de France, l'enregistrement d'icelles au Consel privé du Roy, Grand-Consel et Cours de parlement du royaulme ; et, pour l'exécution tant desd. bulles et concordat, requérir, agir et poursuyvre en toutes cours, tant ecclésiastiques que séculières, ainsin qu'il apartiendra et le faict requerra, et généralement en tout fère comme lesd. sieurs constituans feroient et fère pouroient, sy présans y estoient, jaçoit le cas requist (1) mandement plus spécial ; promettans avoir agréable tout ce que par leurd. procureur à ce dessus sera faict et géré, et de le relever indempne de lad. charge... Faict et

(1) « Quand mème le cas requerrait.... »

recité aud. *Uzès*, et dans la maison d'habitation desd. sieurs constituans; présans à ce: *Jean Brugier*, clerc, et *Dominique Goubin*, chirurgien, dud. *Uzès*, soubzsignés avec lesd. sieurs constituans ; et moy, *Hector Garidel*, notaire royal, habitant dud. *Uzès*, soubzsigné. (Suivent les signatures de tous les chanoines nommés dans l'acte, celles des deux témoins et du notaire.) — (*Notes d'Hector Garidel*, Arch. dép. du Gard, E, 41, fᵒ 201 vᵒ.)

2. — 13 novembre 1649. — L'an mil six cens quarante-neuf, et le treiziesme jour du mois de novembre , advant midy... establys en personne vénérables et religieuses personnes frères *Jacques de Cambronne*, *Jean Pilon*, *Pierre Mailhot*, et *Pierre Varnet*, tous chanoines reguliers de la Congrégation de France, résidans en la ville d'*Uzès*, lesquelz.... ont faict et constitué leur procureur... sçavoir est religieuse personne frère *Pierre Bonot*, aussi prebstre et chanoine régulier de lad. congrégation de France... pour et au nom desd. sieurs constituans, se porter en l'esglize *Saint-Nicolas-de-Campanhac*, et illec, par devant reverand père frère *Joseph Andrieu*, prebstre, chanoine en l'esglize cathédralle dud. *Uzès*, en vertu de la provision et collation par eulx obtenue de venerable et religieuse personne frère *Guilhaume Brunet*, chanoine et sacristain en lad. esglize cathedralle, vicaire général et official en l'évesché d'Uzès, du dixième d'octobre dernier, prandre la réalle possession, en lad. esglize *Sainct-Nicolas*, des charges, prébandes vacantes en lad. esglize, tout ainsin qu'est porté par lad. provision et collation, et des rentes et revenus à icelles prébandes dues et apartenans.... Faict et récité aud. *Uzès*, et dans la maison des révérands pères refformés, etc.

3. Même date. — .... Pardevant vénérable et religieuse personne frère *Joseph Andrieu*, chanoine en l'esglize cathédralle d'*Uzès* et prieur de *Sainct-Privat-des-Vieux* , dans l'esglize *Sainct-Nicolas-de-Campanhac* , ont été présans : Religieuses personnes frères *Jacques Gaudinot*, *Pierre Bonot*, *Nicolas Drouves*, *Gabriel Antheaulmes*, tous prebstres, chanoines réguliers de la congrégation de l'ordre de Sainct-Au-

gustin, et frère *Michel Monet*, frère lay en lad. congrégation, résidant aud. *Uzès*, lesquels luy ont représanté qu'il
aurait pleu à révérand père frère *Guilhaumes Brunet*, chanoine et sacristain en lad. esglize cathedralle, grand-vicaire
et official de monseigneur l'evesque et comte d'Uzès, leur
donner et octroyer une provision et collation, le dixiesme
d'octobre dernier, des offices et dignités de lad. esglize
Sainct-Nicolas-de-Campagnac, sçavoir : aud. frère *Gaudinot*,
l'office de prieur cloistral ; aud. frère *Bonot*, l'office de sacristain ; aud. frère *Drouves*, l'office de précempteur ; aud.
frère *Antheaume*, l'office de vestiaire, et aud. *Monet*, la
charge de frère convert. Et ledit frère *Bonot*, comme procureur de religieuses personnes frères '*Jacques Cambronne*,
Jean Pilon, *Pierre Mailhot*, et *Pierre Varnet*, aussy chanoines
de lad. congrégation de France... a aussy représanté que,
par la susd. provision et collation, les prébandes vacantes
en lad. esglize *Sainct-Nicolas-de-Campagnac* leur sont
donnés et octroyés, comme en tout plus a plain rézulte par
lad. provision. C'est pourquoy ont tres humblement suplié
led. sieur *Andrieu*, chanoine et commissaire à ce député
par lad. provision, c'est lesd. *Jacques Gaudinot*, *Bonot*,
Drouves, *Antheaume* et *Monet*, frère lay, comme aussi led.
frère *Bonot*, comme procureur susdit, les vouloir mettre
en la réalle possession de leursd. charges, comme chascun
d'eulx concerne, et des proffitz, rantes et revenus auxd. offices et charges deubz et apartenantz, pour en pouvoir
jouyr, ainsin que de raison, et de tout leur en octroyer acte...
Sur quoy, led. révérand père *Andrieu*, chanoine et commissaire, entendu ce dessus et veu lad. provision et collation
contenant son pouvoir, a receu icelle avec l'honneur et ré-
vérance à ce deub, offert procéder au faict et exécution
d'icelle, ainsin qu'il luy est commis et mandé : et, en ce
faisant, a prins par la main les susd. frères *Gaudinot*, *Bonot*,
Drouves, *Antheaumes* et *Monet*, l'ung en suyte de l'autre
menés au devant l'hautel, que c'est treuvé estre encores à
une petite chapelle du cousté de lad. esglize *Sainct-Nicolas*,
laquelle est en ruyne, n'y ayant treuvé aulcung hautel
dans icelle esglize ; et estant tous les susnommés au
devant led. hautel de lad. chapelle, après avoir yceulx,

à deux genoux et les mains jointes, faict leur prière à Dieu en tel cas acoustumée, relevés qu'ils ont estés, les a mis chascun d'eulx en la réalle possession, c'est led. *Gaudinot*, de lad. charge et office de prieur cloistral; led. *Bonot*, de sacristain; led. *Drouves*, de précempteur; led. *Antheaume*, de vestiaire; et led. *Monet*, de frère convert, en lad. esglize *Saint-Nicolas*; et led. frère *Bonot*, comme procureur susd. desd. *Cambronne, Pilon, Mailhot* et *Varnet*, des autres prébandes vaccantes en lad. esglize, conformément à lad. collation contenant son pouvoir, par entrée et sortie qu'il leur a faict fère à chascun en devant led. autel, par baisement d'icelluy, sonement d'une petite clochette, esparsion d'eaue bénite, et par tradition qu'il leur a faict desd. provisions, pour d'icelles charges, dignités, offices et prébandes et [charge] de frère convert, chascun des susnommés en jouyr, ensemble des rantes et revenus à icelles deus et apartenantz : faisant inhibitions et deffances à tous ceulx qu'il apartiendra ne leur y donner aulcung trouble, sur les peynes de droit. Et après avoir les susnommés rendu graces à Dieu et chanté le *Te Deum laudamus*, et faict autres prières à Dieu en tel cas requizes et acoustumés, s'en sont sortis de lad. esglize, après avoir faict et recité ce dessus, en présence de M^ro *Roubert Perrin*, docteur es droitz, et M^ro *Pierre Chalmeton*, praticien, dud. *Uzès*, soubzsignés avec parties; et moy, *Hector Garidel*, notaire royal, habitant dud. Uzès, soubzsigné. Fr. ANDRIEU, commissaire. Fr. J. GODINOT, pr. cl. Fr. P. BONOT, sacristain. Fr. N. DE ROUVRES, précenteur. Fr. G. ANTHEAULME, vestiaire. Fr. MICHEL MOYNET, convert. *R. Perrin. H. Garidel*, notaire.

XVIII.

Réparations exécutées, en 1676, à la chapelle du monastère de Saint-Nicolas, par Raymond Saint-Estienne, maître-maçon, de Blauzac.

1. Cejourd'hui vingt troisième octobre mille sis cent septante six, convention a esté faite entre les religieux et chanoines réguliers de *Sainct-Nicolas-de-Campaignac* et mais-

tre *Raymond Sainct-Estienne*, maçon, du lieu de *Blauzac*,
qu'il rehaussera le cul de four de l'églice dudit lieu au niveau
de la grande voulte, comme celuy de *Colorgues* (1); qu'il
faira deux fenestres aus deus costés du cœur, de la hauteur
et largeur convenable ; que, pour ce qui est de l'œil de beuf
qu'il estoit obligé de faire, par son contract, du costé du levant, il le mettra du couchant, ou, s'il n'est pas nécessaire,
on lui faira faire quelqu'autre réparation à proportion du
temps qu'il auroit employé à le faire. Et ce, moiennant la
somme [de] cent soixante cinq livres. Et, comme il estoit
obligé, dans son autre contract, de démolir toute l'ancienne
voulte, il luy sera permis de laisser six rangées d'un costé
et sept d'un autre. En foy de ce, nous sommes signés, en
présence de maistre *Jehan Roux* et *Jehan Coste*, de *Vic* ;
ledit *Sainct-Estienne* illitéré. **Fr. DE CAMBRONNE.** *Coste.*
Roux.

Quittance de M° Raymond de l'église de Sainct-Nicolas.
Pour 915 livres. Reste 350 livres. — L'an mil six cens septante huict, et le premier jour du mois de septembre, apprès
midy, par devant moy, notaire royal, soubzsigné, en présence
des tesmoings bas nommés, estably en personne *Raymond
Sainct-Estienne*, masson, du lieu de *Blauzac*, lequel, de
son gré, a confessé avoir heu et réellement cy-devant en
plusieurs payementz receu, comme a dit, de Révérand père
Jacques de Cambronne, chanoine regulier de l'ordre de
Sainct-Angustin, de la congrégation de France, prieur
claustral de *Sainct-Nicollas-de-Campaignac*, au diocèse
d'*Uzès*, présent et acceptant, la somme de neuf cens quinze
livres, renonçant à l'espoir de futur réception. Et ce pour
payement, sçavoir : sept cens cinquante livres, en déduction
et à bon compte de la somme de unze cens livres que ledit
révérand père est tenu de payer aud. *Sainct-Estienne*, pour

---

(1) Les églises de *Colorgues* et de *Sainct-Nicolas-de-Campagnac* ne sont
pas les seules que *Raymond Sainct-Estienne* ait réparées. Il passa, le
22 avril 1680, un contrat de prix-fait pour la reconstruction de l'église
de *Sainct-Victor-des-Oules* (*Notes d'Hector Garidel*, Arch. dép. du Gard ; E,
45, suppl., f° 617 v°).

les réparations qu'il s'est obligé de fère à l'esglize dud.
Sainct-Nicollas, par le contract de prix faict sur ce passé,
receu par Mre *Brueys*, notaire de *Sainct-Chapte*, le douzième
aoust mvj^e septante six; et cent soixante cinq livres, pour
payement d'autres réparations faictes à lad. esglize, non
comprinzes aud. prix faict, pour avoir surhaussé le cul de
four de lad. esglize à niveau de la grand voûte, et y avoir faict
deux fenestres, ensemble une troisieme, pour l'avoir faicte
au lieu et place pour l'œil de bœuf qu'il estoit tenu de fère
par led. contrat de prix faict, ainsin que ont dit. De laquelle
somme de neuf cens quinze livres, pour payement et en déduction que dessus, led. *Sainct-Estienne* se trouve pour bien
payé et satisfait; on a quitté et quitte led. révérand père
Cambronne, avec promesse [de] n'en fère jamais demande ;
sans préjudice audit *Sainct-Estienne* des trois cens cinquante
livres quy luy restent deubs dud. contract de prix faict, que
led. révérand père *Cambronne* a promis luy payer, sçavoir :
cinquante livres, le jour et feste de la Toussaints prochain ;
cent livres, le jour et feste de la Noel, aussy prochain; et
les deux cens livres restans , lhors que led. *Sainct-Estienne*
aura parachevé les réparations qu'il s'est obligé de fère par
led. contract de prix faict, à peyne de tous despens. Et,
pour l'observation de tout ce dessus , lesd. parties, ches-
cun comme les conserne, ont obligé et ypothéqué tous et
chescuns leurs biens, présents et advenir, aux rigueurs des
cours de monsieur le séneschal et siége présidial et conventions royaux de Nismes , ordinaire des parties , et une
chescune d'icelles.

Ainsin l'ont promis et juré. Fait et récité dans l'enclos
dud. couvent. Présans : révérand père *Anthoine Gourdon* ,
aussi chanoine régullier dud. *Sainct-Nicollas*, et *Pierre
Teissier* , du lieu de *Vic*, mandement de *Sainct-Anastasie* ,
soubzsignés avec led. père *Cambronne*; led. *Sainct-Estienne*
illitéré. Et moy, *Henry Colomb*, notaire royal dud. *Blauzac*.
— De Cambronne. A. Gourdon. *Pierre Teissier*. (*Pap. de la
fam.[de Rozel*. Arch. hosp. de Nimes).

XIX.

*Transaction et accord passé entre Michel Poncet de La Ri-
vière, évêque et comte d'Uzès, et Paul de La Parre, prieur
commendataire de Saint-Nicolas.*

L'an mil six cens quatre vingtz un, et le vingt septiesme
jour du mois de mars après midy, pardevant moy, notaire
royal soubsigné, et témoins bas-nommés, ont esté présans
Monseigneur l'illustrissime et révérendissime messire *Michel
Poncet de La Rivière*, Conseiller du Roy en ses conseils, évêque et comte d'Usés, et en lad. quallitté prieur et seigneur
du mandement de *Sainct-Anestesie* d'une part, et messire
Paul de La Parre, prieur commendataire de *Sainct-Nicolas-
de-Campagnac*, d'autre; lesquels sachant mond. seigneur
avoir fait sa visitte générale aud. mandement, le vingt-
troisième du courant, en présence dud. sieur *de La Parre*,
prieur, et entr'autres choses avoir ordonné la construction
et batisse de deux églises dans led. mandement, et que tous
prenans disme dans lad. paroisse contribueroient auxd. dépenses, chacun comme les concerne, au prorata de ce quy
pourroit les compéter, et désirant régler la portion dud.
sieur prieur de *Sainct-Nicolas*, ensemble ce à quoy il peut
être tenu pour l'entretien d'un troisième prebstre dans lad.
parroisse du mandement, ainsy qu'il avoit esté cy-devant
pratiqué, suivant les tiltres remis dans les archives dud.
évêché, dont il est fait mention au bas des ordonnances si-
nodales de feu messeigneurs *de Vigne* et *de Grillet*, évêques
dud. Uzès, et autres actes des sinodes justiffiant la présence d'un curé de lad. parroisse dud. mandement payé
et entretenu par les prieurs dud. *Sainct-Nicolas*.

A ceste cause, led. sieur *de La Parre*, prieur susd., de son
bon gré, en exécution de la susd. ordonnance de visitte générale faite par mond. seigneur aud. mandement, a promis
payer, pour la portion de ce à quoy il pourroit être tenu,
pour la batisse des susd. deux églises, la somme de deux
cens livres, sçavoir : Cent livres au jour et feste S. Jean pro-

chain , ot les cent livres restants le jour et feste de Noel
suivant. Moyennant lequel payement, quy sera fait ez mains
de mond. Seigneur ou autre ayant de lui charge , il demeurera quitte et deschargé de toutte autre contribution. Et, en
ce que concerne l'entretient et subcistance d'un troisième
prebstre, lesd. partyes ont convenu admiablement que led.
sieur Prieur de *Sainct-Nicolas* sera tenu, ainsi qu'il promet,
de payer annuellement, à commencer au jour du dexcez de
messire *Pierre du Pont du Goust*, commandeur de l'Ordre
de Malthe, son pentionnaire , la somme de cent livres pour
l'entretient dud. troisième prebstre ; et , moyennant ce ,
mond. Seigneur l'a deschargé de toutes les autres demandes
et préthentions qu'il pouvoit luy faire à raison de ce. Et ,
pour l'observation de tout ce dessus, lesd. parties, chacune
comme les concerne, ont obligé leurs biens aux rigeurs de
touttes cours à ce requises et nécessaires.. Faict et récitté
aud. Uzès et dans le palaix episcopal ; présans : messire
Jean-Baptiste Reymond, prieur de *Dions* ; et *Pierre Génolhac* , praticien , habitant dud. Uzès, soubsignés avec
partyes ; et moy, *Jean Genolhac*, notaire royal de lad. ville
d'Uzès, soubzsigné. Poncet de La Rivière, évesque et comte
d'Uzès. P. Laparre, pᵣ de Sᵗ-Nicolas. P. Genolhac. Raimond,
prieur de *Dions*. Genolhac, notaire. (*Notes de Jean Genolhac,
notaire d'Uzès.* — Arch. du Gard, E, 45, suppl., fᵒ 666 vᵒ.)

XX.

Aliénations du prieur commendataire de La Parre.[1]

1. *Aliénation du Devois de Saint-Nicolas en faveur de Pierre
de Baudan , dit Baudan-Bellevue.* — 25 novembre 1680.
— L'an mil six cens quatre vingt , et le vingt cinquiesme
jour du mois de novembre après midy , régnant très chrestien prince Louis , par la grace de Dieu Roy de France et
de Navarre , pardevant moy notaire royal soussigné, en présance des tesmoins bas nommés, a esté en personne messire
Paul de La Parre , prieur de *Saint-Nicollas-de-Campagnac*,
lequel, sçachant avoir un debvois et terroir inculte appellé

Saint-Nicollas, dépendant dud. prieuré, joignant d'un costé les *Garrigues de Nismes*, dont l'esglise ny luy ne retirent presque aucun revenu, au moingz de la plus grande partye, et désirant procurer le bien de l'esglise et dud. prieuré, de son gré et libre volonté, il a baillé et par cet acte il baille à nouvel achaipt, à tiltre d'inféodation et emphithéose perpétuelle, soubz les droitz de directe seigneurie, droit de lodz, prélation, détention, commission et advantage, et censive cy après déclarée, à noble *Pierre de Baudan*, habitant dud. *Nismes*, icy présant et acceptant, pour luy et les siens à l'advenir, une petite partie dud. debvois, à sçavoir : Cinq saumées et demy de conténement, à prendre à l'endroit où bon semblera aud. sieur *de Baudan*, qui sera confronté et plus amplement désigné dans la première recognoissance qu'il en passera aud. sieur prieur ; à effect que d'ores en advant led. sieur *de Baudan*, et les siens après luy, puissent jouir et posséder led. ténemant de cinq salmées et demy terre, et en user et disposer à leurs volontés, comme de leur chose propre et bien acquise, en payant pour icelluy la censive annuelle et perpétuelle de vingt-deux deniers aud. sieur prieur, portable en sa maison et couvent dud. *Saint-Nicollas*, chacun jour et feste de saint Michel Arcange, dont le premier payement comansera le jour et feste de Saint Michel prochain, et ainsin continuera à l'advenir. Et, pour entrée, a led. sieur *de Baudan* tout présentement réellement payé et deslivré audit sieur *de La Parre*, prieur, la somme de cinq cens cinqnante livres, en bonnes espèces d'or et d'argent, par luy comptée et embourcée à son contentement, voyant moid. notaire et tesmoins; dont en a quité et quite led. sieur *de Baudan*, et déclare qu'il veut employer lad. somme, avec plus grande, aux bastimentz et réparations qu'il fait faire au couvent dud. *Saint-Nicollas*, dont il a déja baillé un prix fait à *Pierre Reymond*, masson, du lieu de *Blauzac*, et en estat d'en bailler d'autres ; consentant que led. sieur *de Baudan*, pour la plus grande assurance de déniers, soit et demeure subrogé au droit, lieu, place, hypotèque et privileige des entrepreneurs desd. resparations, ainsy que dez à présant il le met et subroge ; prométant de luy faire donner lad. subrogation dans la quitance que lesd. entrepreneurs luy fairont, moyenant la prénonciation et garantie dud. sieur *de Baudan* . Et, moyennant ce, icelluy sieur *de Baudan* sera tenou , comme il promet aud. sieur prieur, d'estre bon et loyal emphitéote, de réparer et melliorer led. fondz, et non le détériorer , vendre ny allienner en mains mortes et de droit prohibées , de payer annuellement lad. censive, et de luy faire nouvelle recognoissance , quand en sera requis. Et, pour l'observation de ce dessus, lesd. parties, comme à chacune conserne , ont obligé, sçavoir : led. sieur prieur, les biens, rantes et revenus de sond. prieuré; et led. sieur *de Baudan*, les siens propres, et par exprès led. fief , aux cours présidial et séneschal, Conventions royaux de *Nismes* et autres à ce requises. Fait et passé à *Nismes* , dans la maison dud. sieur *Baudan*, scise au *Bourg des Prescheurs*, Présans: *Anthoine Auzéby*, facturier , et *Jean Bouisset*, aussy facturier, habitans de Nismes ; signés avec parties. Et moy, *Pierre Roque*, notaire royal de Nismes , soussigné. P. DE LA PARRE, prieur de Saint-Nicollas. BAUDAN. *Auzéby*. *Boisset*. *Roque*, noⁱᵉ, signés à l'original.

2. *Aliénations de terres , fiefs et directe à Sanilhac, Poulx et Argilliers , en faveur du comte de Lussan , des sieurs Trimond et Froment.*—[1685.]— A la requeste des Révérands pères *Jacques de Cambronne*, chanoine régulier de l'ordre de Saint-Augustin, Congrégation de France, prieur claustral de *Saint-Nicolas-de-Campagnac*, dépandant de lad. Congrégation, *Henry Chatelein* et *Louis de Loyne*, aussy chanoines réguliers aud. prieuré *Saint-Nicolas*, soit signifié, par le premier huissier ou sergent requis, à messire *Paul Laparre*, prieur commendataire dud. *Saint-Nicolas*, qu'au lieu par lùy de recouvrer les biens aliénés et usurpés, comme font tous les autres ecclésiastiques, il est venu à leur cognoissance que, bien loing de faire led. recouvrement, il faict de nouvelles aliénations, sans nécessité, utilité ny formalité, ny consentement du Chapitre et Communauté dud. *Saint-Nicolas* , qui a le principal inthérest à la conservation des biens dud. prieuré dont ils ne peuvent souffrir la dissipation entière , qu'ils prévoient arriver, sy led. sieur *Laparre* continue lesd. aliénations; ayant depuis peu aliéné une terre à monsieur le

Comte *de Lussan* (1), dans le terroir de *Sanilhac*, soubs l'albergue, à ce que l'on dit, d'un denier d'argent et deux cens livres d'entrée; le fief et dirette de *Pouls* et *Argeliers* aux sieurs *de Trimon* (2) et *Froment* (3); donné à défriche partie du debvois dud. *Saint-Nicolas* au sieur *de Baudan*; se qui incomode et porte un préjudice notable à la vante des herbages, qui est le principal revenu dud. prieuré; dégradé tout le bois dud. debvois; et permis à Messieurs du Chapitre de *Nismes* de changer les termes, bornes et lhimites divisant led. *Saint-Nicolas* d'avec la métherie de *Cabanon*, dépendant dud. Chapitre; le tout sans le commuuiquer et demander le consantement des exposans; ce qui estoit préalable. C'est pourquoy lesd. exposans protestent, contre les susnommés, qu'ils sont oposans à tout ce que led. sieur *Laparre* a faict et [à] tout ce qu'il pourra faire de pareil à l'advenir; de se pourvoir où de droit pour faire casser le tout; et de tous les despans, domages et inthérests que lesd. exposans et leurs successeurs pourront souffrir. Dont acte aud. *Saint-Nicolas*, etc. (*Pap. de la fam. de Rozel*, Arch. hosp. de Nimes.)

(1) *Jean d'Audibert*, comte de Lussan, baron de Valcrose, (et non *Valros*, comme porte à tort l'*Armorial de Lang.*, gén. de Montp., de M. L. de Laroque, t. 1, p. 34), seigneur de Saint-Marcel-de-Carreiret, Brignon, Sanilhac, Nozières et autres places, chevalier des ordres du roi, premier gentilhomme de la chambre de Mgr le Duc (prince de Condé). Né en 1633, il avait épousé, en 1673, *Marie-Françoise de Raimond*, qui lui avait apporté les seigneuries de Brignon, Nozières (et non *Rozières*, comme on lit dans l'*Arm. de Lang.*, t. 1, p. 34-35). Il mourut, en février 1712, laissant une fille unique, *Marie-Gabrielle d'Audibert de Lussan*.

(2) *Léon de Trimond*, premier consul de Nimes en 1655, avocat général en la cour des Comptes, aides et finances de Montpellier en 1658, fils de *Louis de Trimond*, avocat à Nimes, et de *Dauphine de Fabre*. Il avait épousé, le 17 avril 1655, *Jeanne de Baudan*, fille de *Jean de Baudan*, conseiller du roi au bureau du domaine de *Nimes*, doyen du présidial de Nimes.

(3) *Gabriel de Froment*, seigneur d'Argeliers, viguier et juge de la prévôté d'Uzès, fils de *Pierre de Froment*, docteur ès-droits et de *Diane Reboul*. Né vers 1636, il fut maintenu dans sa noblesse par lettres du 4 juin 1673, « nonobstant la dérogeance par lui faite, pour avoir tenu quelques fermes ». V. L. de Laroque, *Arm. de Lang.*, t. II, p. 5.

XXI.

*Généalogie de la famille d'Arbaud, au xviie et au xviii^e
siècle.*

I. Tristan *d'Arbaud*, seigneur de Blauzac et de Malaigue (1), épousa, en 1628, Françoise *Le Blanc de la Rouvière*, qui mourut le 27 janvier 1659. — Sa sœur, Marie,
veuve avant 1622 de Mre Marc Davin, docteur et avocat de
Nîmes, épousa le 17 avril 1622, noble Pierre *de Beau*,
écuyer, habitant de Nîmes, dont elle mourut veuve, le 13
avril 1667.

Tristan, mort le 20 avril 1671, avait eu de son mariage
avec Françoise *Le Blanc de la Rouvière* :

1. Pierre *d'Arbaud*, né le 13 avril 1631, et qui sans doute
mourut jeune.

2. Jean *d'Arbaud*, né en 1633.

3. Georges *d'Arbaud*, né en 1635. — Ministre de la R.
P. R., en 1682. (*Notes d'Hector Garidel*, Arch. du Gard,
E, 45, suppl., f° 728 r°.)

II. Jean *d'Arbaud*, seigneur de Blauzac (2), épousa, en
1661, Isabelle *de Monier de Fourques*, fille de Philippe de
Monier, baron de Fourques (3). Il eut, de ce mariage :

(1) *Malaigue*, métairie de la commune de Blauzac, appelée jusqu'au
xvie siècle *Aire-Vielle*, a pris son nom d'une famille *Malaigue*, qui l'a
longtemps possédée.

(2) Jean d'Arbaud, étant conseiller de ville à Nîmes, en 1677, fut un des
deux députés chargés par les consuls de renouveler, par une visite solen-
nelle aux consuls d'Arles (29 juin 1677), l'alliance et l'union entre les deux
villes. Les consuls d'Arles étant venus rendre cette visite, le 6 septembre
de la même année, Jean d'Arbaud, qui était un homme instruit et cultivé,
fut choisi, par les consuls de Nîmes, pour répondre à la harangue du S^r
Franconi, orateur de la députation arlésienne. (Délibérations du Conseil
de ville de Nîmes, Arch. mun. de Nîmes; — Ménard, t. vi, p. 231-232).

(3) Philippe de Monnier mourut à Cabrières, le 22 juin 1676, et fut
transporté à Fourques.

1. Philippe *d'Arbaud*, présenté au temple, le 9 mai 1663, par son grand-père maternel, Philippe de Monier.

2. Charles-René *d'Arbaud*, baptisé le 2 mars 1665.

3. Magdeleine *d'Arbaud*, baptisée le 16 décembre 1665.

4. Marguerite *d'Arbaud*, baptisée le 8 novembre 1667.

5. Isabelle *d'Arbaud*, née le 9 septembre 1669, et présentée au temple par Alexandre de *Brueys de Gattigues*.

6. Alexandrine *d'Arbaud*, née le 20 juin 1671, et présentée au temple par Alexandrine de *Brueys*, dame de Saint-André.

7. Pierre *d'Arbaud*, baptisé le 29 novembre 1677.

8. Henri-Théodore *d'Arbaud*, né le 8 décembre 1678, et présenté au temple par Théodore de *Cambis*, baron de Sérignac.

9. Justine *d'Arbaud*, née en 1683, épousa, en juillet 1708, M⁺ de Saint-Romans, fils de M. Manson, visiteur général des gabelles, habitant de la ville d'Arles (1).

III. **Charles-René** *d'Arbaud*, chevalier et seigneur de Blauzac et de Malaigue, épousa, en février 1720, demoiselle Marie-Françoise de Pouyard, du diocèse d'Arles, mais demeurant, depuis son enfance, dans le diocèse de Saint-Paul-Trois-Châteaux (2). Il en eut :

1. N... *d'Arbaud*.

2. Marie-Françoise *d'Arbaud*, née en 1723, épousa, le 27 octobre 1745, Pierre de *Banne d'Avejan*, seigneur de Montgros et de Liquemaille (Voir le n° XXII ci-après, p. 163).

Outre leur château de Blauzac, les *d'Arbaud* avaient à Nimes une maison, dans le mur de laquelle on voyait encore, en 1758, une table de marbre avec une inscription recueillie par Ménard (t. vii, p. 419). Cette table de marbre a été depuis transportée au château de Blauzac et employée à un tuyau de cheminée. Elle vient d'être retrouvée par M. l'abbé Th. Blanc, curé de Domazan, et signalée à l'Académie. (*V. Procès-verbaux de l'Académie du Gard*, année 1863-64, p. 13).

(1) V. *Insin. ecclés du diocèse de Nimes*, G, 24, f° 50 v°.
(2) *Ibid.*, G, 25, f° 264 r°.

XXII.

Généalogie des seigneurs de Montgros et de Liquemaille, au xvii° *et au* xviii° *siècle.*

I. Jean de *Banne*, seigneur de Montgros(1), épousa : 1° Suzanne de *Rozel*, dont il n'eut point d'enfants; — 2° le 14 août 1649, Gabrielle de *Chalas*, dont il eut :

II. Pierre de *Banne*, seigneur de Montgros et de Liquemaille (2), épousa, le 9 décembre 1676, Françoise de *Barre*, dont il eut :

1. Françoise de *Montgros*, née en 1678 et morte le 31 décembre 1687.

2. Charles de *Banne*, n° III.

3. Henri de *Banne*, baptisé le 30 janvier 1683, et tué à Crémone, en 1702.

III. Charles de *Banne* épousa: 1° le 15 janvier 1705, Marie *Le Fils*, dont il eut :

Pierre de *Banne de Montgros* né en 1706.

2° le 23 février 1707, Marie-Anne *Fraissines*, dont il eut:

1. Jean de *Banne de Montgros*, né en 1700, qui devint seigneur de Sandricourt et d'Amblainville (3), gouverneur de Picardie, et épousa, le 11 juin 1759, Marie-Geneviève de *Thouron-d'Arsilly*, dont il n'eut que des filles.

2. Louis de *Banne de Montgros*, né en 1712, qui devint chanoine d'Alais.

3-6. Quatre filles, dont Marguerite de *Montgros*, née vers 1720, et mariée, le 5 juin 1749, à Jean *d'Anglas*, écuyer, capitaine au régiment de l'Ile-de-France, chevalier de Saint-Louis.

IV. Pierre de *Banne*, seigneur de Montgros et de Lique-

---

(1) *Montgros*, fief du diocèse d'Uzès, aujourd'hui métairie sur le territoire de la commune de Brahic, canton des Vans (Ardèche).

(2) Sur *Liquemaille*, voir ci-dessus, p. 136, note 1.

(3) *Amblainville*, commune du département de l'Oise, sur le ruisseau de Méru. — *Sandricourt*, château et hameau de la commune d'*Amblainville*.

maille, capitaine de cavalerie en 1739 , mousquetaire du
Roi, blessé au siége de Philisbourg, devint comte d'Avejan
et baron des états de Languedoc, en 1767, par l'extinction de
la branche aînée de *Banne d'Avejan*. Il avait épousé , le 27
octobre 1745 , Marie-Françoise *d'Arbaud de Blauzac* (Voir
ci-dessus n° xxi), dont il eut :

V. Jean de *Banne*, comte d'Avejan, seigneur de Montgros
et de Liquemaille, né en 1747, capitaine de chevau-légers,
mort en 1790, avait épousé , vers 1780 , N... *du Ranc de
Sauve* , fille et héritière du baron de *Sauve* et de Mademoi-
selle de *Roquefeuil*, morte aussi en 1790. (Voir ci-après, n°
xxiii, le récit de leur mort.)

XXIII.

*Fin tragique de Jean de Banne, comte d'Avejan, baron des
Etats de Languedoc, seigneur de Montgros et de Liquemaille.*

Les journalistes révolutionnaires exploitèrent à l'envi les
circonstances dramatiques de la mort de Mme d'*Avejan* et
du suicide de son mari. J'ai pu recueillir trois de ces récits,
écrits sur des notes envoyées de Nimes et de Sauve même,
par des personnes qui devaient être bien informées. Enfouis
aujourd'hui dans des collections presque introuvables, il
m'a semblé qu'ils pouvaient avoir leur place parmi des documents inédits. Ils portent avec eux la couleur du temps ,
ils sont écrits dans la langue de l'époque. Je n'ai pas cru
devoir en modifier même l'orthographe.

Le premier est extrait des *Annales patriotiques et littéraires* de Carra et signé des initiales G. D. (*Guyot-Desher-
biers*) ; les deux autres, de la *Feuille villageoise*, rédigée
alors par Rabaut-Saint-Étienne et l'ex-jésuite Cérutti.

I. *Anecdote véritable.* — Un fait, entre mille, prouve que
la Providence punit enfin les méchants aristocrates. Le ci-
devant comte de *Davejean*, officier du régiment de Guyenne,
cavalerie, s'étoit assez fait détester en Dauphiné pour mé-

riter qu'une ville, où il commandoit un détachement de cent hommes de sa troupe, demandât qu'il en fût éloigné. On l'envoya à Lyon, qu'il quitta quelques mois après. Il y a quelques semaines qu'il étoit en Languedoc, sa patrie, dans un bourg où il déclamoit violemment contre l'Assemblée nationale. Le vicaire s'avisa, au contraire, de vanter l'égalité des droits, et de préconiser les décrets qui abolissent les distinctions abusives qui existoient sous l'ancien régime. *Davejean* s'irrite, tombe à coups de canne sur le vicaire patriote et le frappe horriblement. Le peuple s'attroupe et investit la maison, faisant crier déjà la poulie de la lanterne; mais il s'étoit évadé déjà par le trou d'un évier, et sur le champ il se mit en route avec son épouse pour se réfugier dans sa terre voisine. Le trouble, la crainte et une fuite à cheval causèrent à cette jeune femme un accouchement prématuré qui la mit le surlendemain au tombeau. *Davejean* qui l'adoroit ne donna pas le moindre signe de douleur; mais elle étoit concentrée : il sent qu'il est la cause d'un tel malheur. Sur le champ il écrit son testament, et deux minutes après il se poignarda sur le cadavre de sa femme.

Dieu vengeur !.... Sous l'ancien régime, le vicaire outragé, mutilé de coups, n'auroit pas même osé se plaindre, son prélat l'auroit encore mis au séminaire, ou l'intendant à bicêtre (*sic*), ou la catin du ministre lui auroit envoyé une lettre de cachet pour Charenton. (*Annales patriotiques et littéraires de la France, et affaires politiques de l'Europe, journal libre, etc.*, n° 393, dim. 31 octobre 1790.)

II. *Récit d'une aventure terrible par un témoin oculaire.* — M. *d'Avéjean*, ci-devant gentilhomme d'Uzès, et baron des anciens états du Languedoc, avoit épousé, par inclination, Mlle *de Sauve*, et demeuroit à Sauve même chez son beau-père et sa belle-mère, dont sa femme étoit la fille unique. Cet homme, d'un caractère violent et passionné, se prit de dispute avec le vicaire du lieu qui alloit familièrement au château, et les choses furent poussées si loin qu'il pria son beau-père de ne plus recevoir ce vicaire chez lui. On fit peu d'attention à une demande injuste; et l'ecclésiastique étant revenu le lendemain, M. *d'Avéjean* se jeta sur lui, le

battit, le blessa. Les paysans de Sauve, indignés d'un tel
emportement, menaçoient de venger leur vicaire. M. et Mme
de Sauve partirent pour Montpellier, et leur gendre pour sa
terre avec sa femme et une amie qu'elle amena (*sic*). Quelques jours après, Mme *d'Avéjean*, femme intéressante
par sa figure, par sa jeunesse et par son état (car elle étoit
grosse), mourut presque subitement dans des convulsions qui
étoient une suite des frayeurs que lui avoit causé l'emportement de son mari. Celui-ci qui, au milieu de ses furies,
idolâtroit sa femme, tomba dans un désespoir et un délire
qui rendent croyable tout ce qu'on lit dans les romans. Il
ne voulut jamais sortir de la chambre où elle venoit d'ex-
pirer : collé contre son cadavre qu'il tenoit embrassé, il
resta dans cette situation horrible près de cinq heures. Enfin
on vient l'avertir que tout est prêt pour le convoi : à cette
nouvelle il s'élance sur son épée, se perce le cœur et va
tomber mort sur le cadavre qu'il embrasse encore et qu'il
inonde de son sang. Quelle scène affreuse ! et quelle leçon
pour les hommes d'un caractère violent ! Je n'ai pas manqué,
dit le témoin oculaire qui raconte ce fait, de le faire remarquer à mon fils, et ce spectacle l'a rendu plus doux,
quand il dispute avec ses camarades.

Le bonheur, chose si rare, habitoit ce château. Une dispute survient, l'orgueil se montre, la haine s'allume : toute
une famille heureuse est dispersée, écrasée, anéantie ! Misé-
rables mortels ! pourquoi cette rage dans vos disputes ! est-ce
bien l'amour de la vérité qui vous rend ennemis de vos semblables ? Songez que les opinions sont libres ; songez que
chacun doit ménager celles d'autrui ; songez que l'amour
propre et la raison défendent également les injures. Un
ancien sage disoit : *N'attisons pas le feu avec une épée.*
(*Feuille villageoise*, n° 3, p. 47-48, jeudi 14 octobre 1790.)

III. *Nouveau récit de l'aventure tragique du château de
Sauve, près d'Uzès, en Languedoc.* — On raconte ainsi la
dispute qui a produit cette horrible tragédie. On étoit à
table. On parla de constitution. M. *d'Avéjean* s'éleva contre
l'égalité des droits. Le vicaire de Sauve, après plusieurs rai-
sonnemens, finit par dire : vous conviendrez du moins,

monsieur, que nous serons tous égaux en paradis. — Je re-
noncerois au paradis, s'écria le violent et orgueilleux ad-
versaire, plutôt que d'y être avec la canaille. Le vicaire répondit à cette insulte avec une juste indignation et sortit.
M. *d'Avéjean* menaça de l'exterminer. Sa belle-mère, qui
connoissoit sa violence indomptable, songea à prévenir de
nouvelles scènes; elle envoya demander au vicaire quelque (*sic*) livres qu'elle lui avoit prêtés. C'étoit un avertissement poli de ne pas reparoître au château. Le vicaire qui
n'entendit pas ce langage, ou qui se confia à sa modération,
rapporta lui-même les livres. Mme *de Sauve* le reçut avec
bonté, mais avec froideur. En la quittant, il eut l'impru-
dence ou la bonhommie d'aller droit à la chambre de M.
d'Avéjean pour lui faire des reproches mêlés d'excuses.
C'est alors que l'ennemi de l'égalité et de la raison s'aban-
donna à toute sa fureur. Il s'en est bien puni en se poi-
gnardant sur le corps de son innocente et malheureuse
femme. Il est impossible, tout en condamnant ce furieux,
de ne pas le plaindre. Il s'est montré si passionné pour
celle qu'il aimoit! il rugissoit de douleur, comme il avoit
rugi de colère! Il voulut habiller lui-même la morte qu'il
ne quitta pas un instant. Il lui parloit, tantôt avec des
sanglots qui attendrissoient les spectateurs, tantôt avec des
imprécations qui les épouvantoient. Lorsqu'on vint l'avertir
que tout étoit prêt pour le convoi funèbre, il parut se
calmer comme par miracle. Il dit, avec sang froid, qu'il
vouloit *accompagner sa pauvre femme.* Reprenant ensuite
son air le plus impérieux, il dit aux domestiques : *Sortez,
laissez-moi lui dire un dernier adieu.* Sa sœur voulut rester,
il employa toute l'adresse possible pour l'éloigner. Elle le
quitta. Au même instant, il s'enfonça un fer dans le cœur,
dans ce cœur si violent et si sensible. On dit que sa belle-
mère est mourante. On ajoute que le vicaire, blessé dange-
reusement, a été trépané. Nous sommes revenus au récit
de cet événement terrible, afin qu'il serve de leçon, et
qu'il inculque dans tous les bons esprits, l'horreur de la
dispute ou du moins de l'intolérance. (*Feuille villageoise,*
n° 4, p. 63-64, jeudi 21 octobre 1700.)

XXIV.

Lettre de la comtesse de Lussan au sieur Fraissines, lieutenant de juge, à Sanilhac.

Baignols,   mai 1686.

Les advocats ont trouvé bon, pour nostre seureté, que nous fissions une quitance à M* l'abbé de St-Nicolas, en suite de laquelle il faut qu'il fasse une déclaration conforme à la minute que j'ay baillée au Révérand père Cambronne. Ce que je vous suplie de faire faire au plus tôt, afin que je n'entende plus parler de ceste afaire. N'y perdés pas un moment, je vous en conjure; et croyez moy toute à vous.

La comtesse DE LUSSAN (1).

Mon mari a donné parolle au révérand père Cambronne qu'au cas M* l'abbé de Saint-Nicolas ne fist pas ceste déclaration, il lui rendroit son argent. C'est pour quoi faictes la faire en diligence, afin que tout soit finy à ne plus rien regrater. Je vous le recomande.

A Monsieur — Monsieur Fraissines, — lieutenant de juge de — Senilhac, à Senilhac.

(*Pap. de la fam. de Rozel*, — Arch. hosp. de Nimes.)

XXV.

Quittance du comte de Lussan en faveur de messire Paul de La Parre.

11 Juin 1686.

L'an mil six cens quatre vingtz six, et le unziesme jour

_____

(1) Marie-Françoise de Raimond, fille unique de Henri de Raimond de Brignon, seigneur de Brignon, Nozières et Sanilhac, et de Marguerite Brueys de Saint-Chapte. Née en 1648, elle avait épousé, vers 1673, Jean d'Audibert, comte de Lussan. Les armoiries des Lussan sont : De gueule, au lion passant, d'or ; alias grimpant d'or.

du mois de juin, après midy, devant moy notaire et tesmoingz, estably en personne haut et puissant seigneur
Messire *Jean d'Audibert de Lussan*, chevallier (1), comte
dud. *Lussan*, baron de *Valcroze*, seigneur de *Saint-Marcel-
de-Careyret*, *Brignon*, *Senilhac*, *Nozières* et autres plasses,
premier gentilhomme de la chambre de Monseigneur le
Duc; lequel, de gré, a confessé avoir receu, comme il
reçoit, de messire *Paul de La Parre*, bachellier en sainte
théologie, prieur et seigneur de *Saint-Nicolas-de-Campagnac*, absant, reverand père *Jacques de Cambronne*, prieur
clostral et sindic dud. *Saint-Nicolas*, issy présant, stipulant
et acceptant, payant pour led. sieur abbé, et des deniers
d'icelluy, ainsin qu'a dict, la somme de deux cens vingt
livres, et en louys d'or et autre bonne monnoye, réallement par led. seigneur comtée, receue et embourcée,
voyant moy notaire et tesmoingz. Et c'est en payemant
et rambourcemant de samblable somme de deux cens vingt
livres, que led. seigneur comte *de Lussan* avoit payé aud.
Sr Abbé par le contract d'inféodation d'une piesse de terre
appellée *Mont-Saint-Jean*, pour le droit d'entrée d'icelle,
ainsin qu'est porté par le contract receu par Me *Barre*, notaire de *Brignon* en sa datte; lequel contract d'inféaudation
led. seigneur comte avec led. sieur abbé avoient convenu
verballement cy devant d'anuller, moyenant led. rembour-
sement. De laquelle somme de deux cens vingt livres ledit
seigneur Comte, comme bien payé, contant et satisfaict, en
en a quité et quite led. sieur Abbé, promis ne lui en fère
plus demande; et, moyenant ce, led. contract d'inféaudation
demurera nul et comme non advenu, et led. seigneur Comte
deschargé de la malhe d'or d'albergue y mantionnée, et led.
Sr Abbé de rechef mestre de lad. piesse, pour en fère et
disposer à ses plesirs et vollontés, saulf et réservé la récolte
du milhié qui est semé à lad. piesse, quy appartiendra aud.
seigneur comte. Ainsin l'ont juré et renoncé, soubz les
obligations en tel cas requises. Faict et récité à la ville de

----

(1) M. de Laroque (*Arm. de Lang.*, t. 1 p. 34) dit que Jean d'Audibert fut « chevalier des ordres du Roi en 1688 ». Cet acte prouve qu'il
l'était déjà en 1680.

Baignolz , dans la maison où demure led. seigneur Comte , en présance de Sr *Jacques Roux* et Sr *Hector Mermier* , habitants de lad. ville, signés avec partyes, et moy, *Jean Roux*, notaire royal du lieu de *Vallérargues*, à ce requis. DE LUSSAN. DE CAMBRONNE, prieur claustral et scyndic. *J. Roux, Hector Mermier. Balansard.* Ainsin receu, *Roux*, notaire. (*Pap. de la fam. de Rozel*,—Arch. hosp. de Nimes).

XXVI.

Déclaration du Sieur de La Parre en faveur du P. de Cambronne.

31 Juillet 1686.

L'an mil six cens quatre vingt six, et le dernier jour du mois de julhet, après midy , par devant moy notaire royal soubzsigné et présance des tesmoingz bas nommés, estably en personne messire *Paul de La Parre*, bachelier en sainte théologie , prieur et seigneur de *Saint-Nicolas-de-Campagnac*, lequel , de son gré, a recogneu, en faveur de révérand père *Jaques de Cambronne*, prieur claustral et scindic dud. *Sainct-Nicolas* , présant et acceptant, que, bien [que], dans la quittance que Messire *Jean d'Audibert* , comte de *Lussan*, a faicte aud. sieur Abbé, soubz l'estipullation et acceptation dud. Révérand père *de Cambronne*, receue originellement par Mre *Roux* , notaire de la ville de *Bagniolz* , dernier escrite, en date du unziesme juing dernier , de la somme de deux cens vingt livres, il soict porté que led. sieur Scindic a faict led. payemant des deniers dud. Sr Abbé, en remboursemant de semblable que led. seigneur Comte avoit payée aud. Abbé pour les droits d'entrée d'une pièce apellée *Mont-Saint-Jean*, inféaudée aud. seigneur Comte par led. Sr Abbé, acte receue par Me *Barre* , notaire, sur sa date; moyenant lequel rambourcemant il est dit que led. acte d'inféaudation demure nul et rézollu, et led. sieur Abbé mestre de lad. pièce pour en fère à ses pleizirs et voulontés et aultrement, comme est conteneue dans la susd. quitance;

néantmoingz la vérité est-elle que led. payement de lad.
somme de deux cens vingt livres n'a poinct esté faict des
deniers dud. S' Abbé, mais au contraire de ceulx dud. S' Scindic, quy a faict led. payement en exécution de l'acte de
convention originellement receue par moy notaire, le sixiesme juing, par lequel led. S' Abbé a subrogé led. Scindic
au droict de pouvoir réantrer dans lad. pièce, en rembour-
sant aud. seigneur Compte lad. somme de deux cens vingt
livres ; moyenant quoy, led. scindic demureroit subrogé au
droict dud. seigneur Compte. De sorte que, comme led. sieur
scindic a satisfaict aud. payement, led. S' Abbé consent à
lad. subrogation, et que led. contrat de convention sorte
son plain et entier effect; promettant jamais n'y contrevenir,
ny pareilhemant led. sieur Scindic, pour la répétition de
lad. somme envers led. sieur Abbé. De quoy lesd. parties
ont requis acte à moyd. notaire. Ce qu'a esté faict et récité
aud. *Saint-Nicolas*, en présence de sieur *Jaques Ravanel*,
filz d'aultre *Jaques*, de *Blauzac*, soubzigné avec lesd.
parties, et *Jaques Julhian*, du lieu de *Poulx*, illitéré, comme
a dit; et de moy, *Jean Amalric*, notaire royal au mandement de *Sainte-Anastazie*, requis soubzigné. LA PARRE,
prieur de St-Nicolas. Fr. DE CAMBRONNE, scindic. *Ravanel*.
Amalric, notaire. (*Pap. de la fam. de Rozel*, — Arch. hospit.
de Nimes.)

XXVII.

Extraits de la Relation inédite *de Charles-Joseph de La Baume.*

Les Camisards que Cavalier commandoit rouloient sans
cesse dans les *Cévennes* et dans la *Vaunage*; mais ils ne
tenoient presque jamais la même route. Quand ils venoient
du coté de *Lussan*, où il y a quantité de bois, qui leur ser-
voient souvent de retraite, ils passoient le *Gardon* à *Brignon*,
à *Moussac* ou aux environs; et, par *Domessargues* et *Nozières*,
ils se jettoient dans le bois de *Lens*. De cet endroit pour pé-

néirer dans la *Vaunage*, ils aloient par *Montmirac* et *Vic* (1),
ou entre *Montpezac* et *Vic*; et, par *Souviniargues* et *Saint-
Estienne-de-Castes* (2), ils tomboient vers *Maruejols* (3) et
Calvisson. Ils traversoient *la Guarrigue* et gagnoient *Védelen*,
le *Barbin*, *Vaqueirolles* et *Puechmejan*, qui sont des bois dans
le terroir de *Nîmes*; ensuite, par le *Mas-de-Mirmand* (4) et
les *Espeisses*, ils descendoient du côté de *Saint-Césaire*, ou
prenoient le chemin du *Mas-de-l'Ome*, qui leur fournissoit
des issues différentes pour sortir de la *Vaunage*, en les con-
duisant dans les bois de *Cabanes*, *Cabanon* et de *Saint-Nicolas*, qui sont près du *Gardon*, qu'ils traversoient vers
Dions; ou en allant, par la *Vallongue*, à *Gajan* et à *Fóns*.
(*Relat. hist. de la révolte des Fanatiques ou des Camisards*,
par M. Charles-Joseph de La Baume, cons. au présidial de
Nîmes, Bibl. de Nîmes, n° 13,846, page 41-42).

Ils appeloient toutes ces différentes routes *les Chemins
des Cercles* (6), qu'ils ont faits pendant quinze mois, et
jusques à leur défaite, à *Nages*, par M' le maréchal de Montrevel. (*Ibid.*, p. 42).

Ils ravagèrent (septembre 1703) le mandement de Sainte-
Anastasie, qui est près d'*Uzès* et presque tout catholique.
Ils brûlèrent le lieu d'*Oulliac* (7), et tuèrent sans distinction
tout ce qu'ils trouvèrent dans les villages de *Vic* et *Cam-*

---

(1) *Vic-le-Fesq*, commune du canton de Quissac, qu'il ne faut pas confondre avec *Vic*, village de la commune de Sainte-Anastasie.

(2) *Souvignargues*, commune du canton de Sommières. — *Saint-Etienne-
d'Escatte*, hameau de la commune de Souvignargues.

(3) *Maruéjols-en-Vaunage*, ainsi appelé pour le distinguer de *Maruéjol-
les-Gardon*. C'est aujourd'hui une annexe de la commune de Saint-Cosme,
canton de Saint-Mamert.

(4) Il faut lire *Mas-de-Cournon*. C'est sans doute une distraction ou
une mauvaise lecture de Séguier, auteur de la copie que possède la Bibliothèque de Nîmes. Les deux mas du nom de *Mirmand* qui se trouvent sur
le territoire de Nîmes ne sont pas situés de ce côté.

(5) *Font-outre-Gardon*, commune du canton de Saint-Mamert.

(6) C'est encore le nom que ces chemins portent aujourd'hui sur le cadastre de la commune de Nîmes.

(7) Il n'y a aucune localité de ce nom dans le mandement de Sainte-
Anastasie. Ce doit être le *Mas-de-Gournier*, métairie de ce territoire qui
appartenait à l'évêque d'Uzès.

pagnac, où ils égorgèrent trente-six personnes et un enfant d'un mois. Le vicaire de *Vic*, à leur arrivée, se jeta dans la maison du sieur Amalric, où il avait fait faire quelques flancs. Ils se défendirent si vigoureusement qu'ils tuèrent quatre Camisards, sans pouvoir être forcés. Une de leurs sentinelles (des Camisards) ayant crié qu'elle voyoit venir des troupes du côté d'*Uzès*, les rebelles se retirèrent, et laissèrent leurs morts avec leurs armes et leurs habits (*Ibid.*, p. 77).

Le jour de la Saint-André (30 novembre), ils égorgèrent trois anciens catholiques, entre *Sagriès* et la *Bégude-de-Saint-Nicolas* (*Ibid.*, p. 89).

Dans le mois de février (1704), un jour, à huit heures du matin, huit cents Camisards, commandés par le nommé Picard, dit *le Dragon*, hôte de *la Petite-Bégude-de-Saint-Nicolas*, tuèrent, auprès de *Malaigue*, sur le chemin d'*Uzès*, le sieur Julien, chirurgien, Devèze, cardeur, Esprit Fabre, Nicolas Plantier, consul de *Russan*, et le nommé Saint-Quentin. Ils emportèrent leurs manteaux et leurs habits, et emmenèrent une jument du prieur d'*Aubussargues*, que Julien montoit. Deux jours après, dans le mandement de *Russan*, ils tuèrent huit hommes et une fille. (*Ibid.*, p. 92.)

XXVIII.

Lettre du roi Louis XIV au Pape Clément XI, proposant l'abbé J.-J. de Rozel pour le prieuré commendataire de Saint-Nicolas.

24 Août 1703.

Très Saint Père, — Le prieuré conventuel et électif de *Saint-Nicolas-de-Campagnac*, ordre de Saint-Augustin, du diocèse d'*Uzès*, estant à présent vacant par l'incapacité et deffaut de promotion aux ordres sacrez de M⁰ *Paul de Laparre*, dernier commendataire et possesseur dud. prieuré; et estant bien informés des bonnes vie, mœurs, piété et suffisance, capacité et autres vertueuses et louables qualitez quy sont en la personne de M⁰ *Jean-Joseph du Rozel*, prebstre du diocèse de *Nismes*, nous le nommons et présentons à votre Sainteté ; à ce qu'il Luy plaise, sur nostre nomination, présentation et réquisition, le pourvoir dud. prieuré, luy en accordant et fesant à cette fin expédier toutes bulles et provisions apostoliques requises et necessaires, suivant les mémoires et supplications plus amples qui en seront présentées à Vostre Sainteté. Sur ce, nous prions Dieu, Très Sainct Père, qu'il vous conserve longues années au régime et gouvernement de nostre mère Sainte Eglise. Ecrit à Versailles, ce xxiv° jour d'Aoust 1703. — Vostre dévot fils le Roy de France et de Navarre. LOUIS. Et plus bas, PHELIPPEAUX. (*Papiers de la famille de Rozel*, Arch. hosp. de Nimes.)

XXIX.

Sentence du juge d'Uzès en faveur des habitants de Blauzac, à raison de l'exemption du péage du pont de Saint-Nicolas, de laquelle ils jouissaient.

19 mars 1427.

Noverint universi quod nos *Johannes de Tribus-Eyminis*, in legibus baccallarius, judex ordinarius et conventionum regiarum *Nemausi*, vidimus, tenuimus, legimus, palpavimus et diligenter inspeximus quoddam prima facie publicum instrumentum, non razum, non abalienatum, non viciatum non cancellatum, nec in aliqua ipsius substantia suspectum, sumptum et receptum per magistrum *Bertrandum de Carlio*, publicum notarium regium, ejusque signo, ut prima facie apparebat, roborando signatum. Cujus quidem instrumenti tenor, de verbo ad verbum (dempto unice et omisso cognomine cujusdam testis, quod perfecte legi non potest, propter ejusdem instrumenti antiquitatem, in albo dimisso), sequitur et est talis :

4 août 1261. — In nomino Domini. Anno incarnationis ejusdem M. CC. LXI., scilicet pridie nonas Augusti, domino Ludovico, Francorum rege, regnante. Comparuerunt *Guillermus do Arpalha-*

nicis, unus de dominis castri de *Blandiaco,* pro se et omnibus pareriis suis ; *Bernardus de Fontezeia* (1) et *Stephanus Pagesii,* pro se et aliis hominibus ejusdem castri , coram *Guillermo de Sancto-Laurentio,* judice, et petierunt sententiam ferri super præmissis. Ad hæc ego, *Guillermus de Sancto-Laurentio,* judex *Uzetici,* habita prius deliberatione cum peritis super præmissis, pro domino rege Francorum, assidente *Raymundo Coderia,* subvicario, visa intentione dominorum et hominum castri de *Blandiaco,* visisque et intellectis testibus productis ; et visa etiam tota inquisitione diligenter, et requisitione quam fecerunt plures domini et homines de *Blandiaco,* et quam faciunt super præstando pedagio ad pontem *Sancti-Nicolay* de rebus propriis ipsorum, quas habent de agricultura ipsorum et de fructibus arborum suarum, et in armentis animalium et rebus quas emunt pro victualibus ; examinatis diligenter attestationibus, et habito consilio sapientum super ipsis et super tota inquisitione ; diffiniendo pronuncio, et pronunciando diffinio dominos et homines castri de *Blandiaco* in possessione (vel quasi) libertatis de non præstando pedagio ad pontem *Sancti-Nicolay,* de rebus propriis quas habent de agricultura vel de fructibus arborum suarum, et in armentis animalium, et de rebus quas emunt pro victualibus ipsorum, et non causa negociandi. Lata fuit hæc sententia apud *Ucetiam.* Testes affuerunt *Gaucelinus de Berchano* (2) ; dominus *Bertrandus . . . . .* (3) ; magister *Bertrandus Seguini* ; magister *Nicholaus de Fontanesio* ; dominus *Berengarius Raymundus,* miles ; *Pontius Galoubat* ; *Bertrandus Galoubat* (4), miles ; *Guillermus Pellicerii,* de *Chantalobas* ; *Guillermus de Valleyranega* (5) ; et plures alii ; et ego *Bertrandus de Carlio,* publicus notarius domini regis, qui mandato dicti judicis hæc scripsi.

In cujus quidem instrumenti visionis, tentionis, palpationis et inspectionis fidem et testimonium, nos dictus judex

_____

(1) *Fontésy,* domaine de la commune de Saint-Gervais, canton de Bagnols.

(2) *Bercan,* domaine de la commune de Saint-Gervais, canton de Bagnols.

(3) C'est là que se trouvait le *cognomen cujusdam testis, quod perfecte legi non potest, propter instrumenti antiquitatem,* dont parle Jean de Trois-Eminces, dans le préambule de ce *vidimus.*

(4) *Galoubat, Mas-de-Galoubet,* ferme, aujourd'hui détruite, sur le territoire de la commune de Nimes. Le nom est resté au cadastre.

(5) Pour *Valerianica, Valérargues,* commune du canton de Lussan.

præsens vidimus de eodem instrumento publico, per magistrum *Jacobum Andreæ*, auctoritate regia civitatis *Nemausi* publicum notarium, jussimus extrahendum, ejusque signo quo in instrumentis publicis utitur, signari et roborari. Cui quidem præsenti vidimus tantam fidem adhiberi debet, in judicio et extra, quam eidem adhiberetur originali instrumento, si præsens foret; sigillumque curiæ nostræ regiæ ordinariæ *Nemausi* duximus apponendum. Decimo et nono die mensis Marcii, anno Domini, M. CCCC. XXVII. J. DE TRIBUS EYMINIS, judex Conventionum. *Jac. Andreæ.* — (Original communiqué à l'historien L. Ménard par M. de Banc, maréchal de camp. — V. Bibl. de la ville de Nimes, n° 13,823 du Catologue).

XXX.

Délibérations du Conseil de ville de Nimes au sujet de la tour de Saint-Nicolas.

3 janvier 1587.

Conseil central et extraordinaire assemblé par mendement de messieurs les Consulz, et tenu dans la maison consullère de Nismes ; le sabmedy troisiesme jour du mois de janvier. m. v°. huictante sept, après midy, par devant messieurs *de Rocques*, seigneur de *Clausonne*, président en la cour souveraine de parlement establie par l'edict de paix ; *Claude Favier*, lieutenant particulier en la cour de M⁰ le Seneschal de Beaucayre et Nymes ; *Pierre de Montelz*, docteur et advocat; *Anthoine Cheyron* ; *Jean Surian* et *Guilhaume Rouergual*, premier, second, tiers et quart consulz dud. Nymes, présantz et assemblez :

Messieurs *Jacques des Martins*, conseiller en lad. Cour ; *François Pavée*, seigneur de *Serras* ; *François Barrière*, seigneur de *Nages* ; *Anthoyne Davin*, accesseur ; *de Chambrun* et *de Serres*, ministres de la Parolle de Dieu ; *Jacques Davin, Pierre Maltret, Robert d'Agulhonet, André d'Agulhonet, Anthoine Chalas, Jacques Mazaudier, Rostaing Rozel, Jean de Paradès, Paul Nycolas,* docteurs et advocatz; *Jacques Bodet, Jean Chaulet, Aurias Reynaud, Bernard La-*

*val, Jean Jacques, Anthoine Lacan, Jean Dupin, Laurens
Salveton, Jacques Guigou, Jean Costes, François Passebois,
Jean Cabiron, Pierre Gibert, Guilhaume Hostally, Pierre
Bon dict Coste, Jean Brunel, Loïs Lombard, Balthezard
Fornier, Jean Privat, Anthoine Lageret, Beraud Barbut* et
Anthoine Brun ;

Par devant laquelle assemblée, messieurs les Consulz, au
moïen dud. seigneur *de Montels*, premier d'iceulx, ont dit
avoir esté advisé que, au présant conseil extraordinaire,
sera arresté du lieu pour le logement de moitié de la companie des chevaulx légiers du seigneur *de Montpezat*, mise
icelle moitié sur le diocèse de *Nismes*, pour y faire service
contre ceux de *Colias* et autres perturbateurs du repos
public. Led. seigneur *de Montpezat* demande luy estre baillé
certaine quantité d'advoyne pour la noriture des chevaulx
de lad. companie. Est besoing aussy de porvoir à l'entretènement du fort du pont de *Sainct-Nicolas* contre ceulx
de *Colias*. Aussi pour le reguard de la somme de huict cens
escus que monseigneur le duc de *Montmorancy* demande par
advance des prochaines tailles, a dict avoir sommé et requis
le commis du Recepveur du diocese fère lad. advance,
suyvant la tenur des lettres pattentes de mondict seigneur,
coppie desquelles a esté exhibée, ayant respondu, n'ayant
moïen fère lad. advance. On a esté d'advis que lad. moitié
de lad. companie de chevaux légiers dud. seigneur *de Montpezat* doibt estre mize et logée au lieu de *Marguerites*, y
ayant lieu d'obtenir comission de monseigneur le duc *de
Montmorancy* pour led. logement et expédier à ces fins mes-
saiger exprès ; et que ce pandant, jusques lad. comission
obtenue et led. logement effectué, icelle moitié de lad.
compagnie doibt estre mize et logée dans certains logis de
la présant cité, et que, en paiement dud. entretènement
et pour la cottité de la présant cité, doibt estre prins
des habitants d'icelle, en déduction de leurs tailhes que
seront impausées la présant année, les quantités d'advoyne
que sera advisé pour estre bailhée et deslivrée à celluy
qu'aura charge dud. seigneur *de Montpezat*. Et pour ung
mois, pour l'entretènement ou noriture des soldatz mendés
pour la guarde du fort de *Saint-Nycolas* contre ceux do

Colias, est besoing y fornir ce qui sera necessaire, à prendre de l'imposition faicte au mois d'octobre dernier, de la somme de doutze cens escutz pour l'achept du bled nécessaire pour la noriture de l'armée de monseigneur le duc *de Montmorancy*. Et, au reguard de lad. somme de huict cens escus demendée par mond. seigneur par advance desd. tailhes, veu le reffus dud. Recepveur, n'y a nul moïen fère lad. advance; et que mond. seigneur doibt estre supplié d'attendre l'imposition desd. tailhes. Toutesfois, sy messieurs les Consulz [de] l'année passée avoient moïen y satisfère des tailhes de lad. année, sa seroyt aultant d'acquicté et paié, n'ayant ils nulz moïen, comme estans seullement en charge, cejourd'huy a trois jours.

Monsieur Mre *Jacques des Martins*, Conseiller en lad. Cour de Mr le Seneschal de Nysmes, a esté d'advis que monseigneur le duc *de Montmorancy* doit estre supplié expédier comission pour loger lad. moitié de lad. Companie dud. seigneur *de Montpezat* au lieu de *Marguerites* ou en autre lieu hors la présant cité et non dans icelle; et que messieurs les consulz doibvent prendre, des habitants d'icelle cité, en diminution de la taille de la présant année, les quantités d'advoine nécessaires pour payer la cotité de la solde de lad. Companie. Et pour ung mois que le fort de *Sainct-Nicolas* doibt estre dressé et la garnizon y nécessaire entretenue, par moitié avec la ville d'*Uzès*, de lad. somme de huit cens escus demandée par advance, veu le reffus dud. comis, n'y a lieu d'en délibérer plus oultre; mais bien que mond. seigneur le duc *de Montmorancy* doibt estre supplié d'attendre le paiement de lad. somme jusques après la prochaine imposition que fera led. comis, attendu la notoire pauvreté du puple, du tout pillé et ravagé par les gens de guerre.

Messieurs *Anthoine Davin*, accesseur; *de Serres*, ministre de la parolle de Dieu; *Jacques Davin, Pierre Maltret, Robert Agulhonet, André Agulhonet, Anthoine Chalas, Jacques Mazaudier, Rostaing Rozel, Jean de Paradès, Paul Nycolas*, docteurs et advocats; *Jacques Bodet, Jean Chaulet, Jean Jacques, Aurias Reynaud, Anthoine Lacan, Jean Gostez*, chaussetier, *François Passebois, Jean Bru-*

nel , *Jean Dupin*, *Balthezard Fornier* et *Anthoine de La-geret* ont esté de l'advis et oppinion dud. seigneur *Des Martins*.

Sires *Laurens Salveton*, *Jacques Guigou*, *Jean Cabiron*, *Guillaume Hostalli*, *Loïs Lombard* et *Béraut Barbut* ont esté de l'advis de messieurs les Consulz.

Sire *Bernard Laval* a esté d'advis de députer certains personnaiges pour aller acorder avec les Consulz et habitants du lieu de *Marguerites* pour le logement de ladicte moitié de lad. Companie et fornir l'argent promptement. Et, [au cas] où lesd. consulz et habitants ne les vouldroient recepvoir et loger aud. *Marguerites*, que doibt estre mize et logée en certains logis de la présant cité ; et, au surplus, a esté de l'advis de messieurs les consulz.

Conclud, suyvant la plus grande opinion , que la moitié de la companie des chevaux légiers du seigneur *de Montpezat* mise sur le diocèse de *Nismes*, sera logée hors la présant cité de *Nismes*, au lieu de *Marguerites* ou autre que sera advisé. Pour l'effectuement dud. logement , monseigneur le duc *de Montmorancy* sera supplié expédier les comissions et procurations à ce nécessaires avec toutes les contraintes requises.

Messieurs les consulz, pour paiement de la cotité de la présant cité de la solde de lad. moitié de lad. companie, pour ung mois, prendront des habitants d'advoyne , et leur sera admis et alloué en déduction de leurs tailles prochaines, et la délivreront à celluy qu'aura charge la recepvoir. Et, pour fornir à l'entretènement ou noriture des soldatz ordonnez pour la guarde du pont *Sainct-Nycolas* contre ceulx de *Colias*, suyvant la requeste faicte par les Consulz de la ville d'*Uzès* et ordonnance du seigneur *de Lecques*, sera emploié ce que sera nécessaire. Pour la cotité de l'impozition faicte pour l'achept du bled, au mois d'octobre dernier, de lad. somme de huict cens escus à prendre par advance , veu le reffus du comis dud. recepveur et attendu la pauvreté et impossibilité du puple, monseigneur le duc *de Montmorancy* sera supplié attendre led. paiement jusques après la présant imposition que fera led. comis. (Arch. munic. de Nimes, L, 13, f⁰ˢ 35 v° - 36 v°.)

XXXI.

Réceptions du duc et de la duchesse de Roquelaure.

17 avril 1706. — Samedy 17 avril 1706, monseigneur le
duc *de Roquelaure* a fait, le lendemain de son arrivée, la
reveue des deux Companies de cavalerie bourgeoises, qui
ont esté formées du corps des marchands de draps et de
soye de cette vile, qui se sont assemblées à l'Esplanade de
la Couronne : la première, commandée par Mr *de Possac*,
ancien capitaine de cavalerie ; et l'autre, par Mr *de Pierre*,
ancien capitaine de dragons, faisant les deux compagnies
le nombre de cent dix, tous bien montés et vestus d'habits
uniformes qu'ils avoient fait faire chacun à leurs frais, avec
propreté et magnificence. Et, en cet ordre, ils auroient passé
en reveue devant led. seigneur duc *de Roquelaure*, et devant
M. *de Basville*, intendant de la province. (*Cérémonial des
Consuls*, Arch. munic. de Nimes, L, 54, f° 27 v°.)

14 octobre 1706. — Madame la duchesse *de Roquelaure*
devant arriver en cette ville, M. le duc *de Roquelaure* estant
arrivé icy le 11° pour luy aller au devant, M. l'Evèque de
Nimes en auroit fait de même, et les marchants de drap et
de soye, séparés en deux compagnies, commandées par M^{rs}
de Possac et *de Pierre* sont allés l'attendre, en bel ordre et
équipage, au pont *Saint-Nicolas* du costé *d'Uzès*. M^{rs} les
Consuls en robes l'ont receue à la place de la Couronne,
où elle a esté haranguée par le sieur *Blisson* fils, advocat.
Elle a trouvé, en arrivant, les deux régiments de bour-
geoisie, sous les armes, l'un hors de la porte des Carmes et
l'autre à l'Esplanade. Après quoy, elle est allée descendre à
l'Evêché, où elle devoit loger, et peu après elle s'est rendue
aux Arènes, à la Maison-Carrée et à la Fontaine. Et, le lendemain, elle est partie, à dix heures du matin ; et les
corps des marchants de drap et de soye l'ont accompagnée
jusques au lieu *d'Uchau. (Ibid.*, f° 30.)

TABLE DES MATIÈRES.

*Pièces justificatives et documents inédits annotés relatifs à
l'histoire du diocèse d'Uzès.*

EMENDANDA.

Page 36, note 2, lisez : Le chapitre se composait alors du prieur claustral, du sacristain, du précenteur, du vestiaire, de quatre religieux et d'un frère convers.

P. 42, n. 1, au lieu de p. 136, lisez p. 7.
P. 43, n. 1, — p. 170, — p. 39.
n. 2, — p. 152, — p. 20-21.

Nimes. — Typographie CLAVEL-BALLIVET et Cⁱᵉ, rue Pradier, 12.

www.ingramcontent.com/pod-product-compliance
Lightning Source LLC
Chambersburg PA
CBHW070412090426
42733CB00009B/1633